「終活」のすすめ

――自分で出来る人生のしめくくり――

市川　愛

はじめに

私は、葬儀相談員という仕事をしています。これまでたくさんの「見送る側」のご家族の相談を受け、サポートをしてきました。後悔のない、満足できるお見送り（お葬式）を実現させるために、いろいろなお手伝いをするのが私の仕事ですが、私がいくら経験を積み、仮に最高のサポートができたとしても、解決できないことがひとつだけあります。

それは、ご遺族の方がふと抱く、「これで喜んでもらえたのだろうか？」という疑問です。

旅立つ本人が何を希望していたのか、どういうふうに見送ってほしかったのか。これぱっかりは、どんなに分かり合えている家族でも、伝えてもらっていなければ想像するしかありません。

２００７年に旅立った私の母の最期は、人工呼吸器をはじめ、たくさんの機械につながれていたため、話すことができませんでした。ですから、どんなふうに生きてきたのか、どんなふうに旅立ちたかったのかを聞くことはできず、実際のお葬式は、自分にできる最高の式にしたつもりでしたが、結局は「母が喜びそうなもの」という想像でしかなく、やはり最後は「これで喜んでくれたのだろうか？」という疑問が残りました。

もし、母が生前「ピンクのユリを一輪で良いから飾ってちょうだいね」と言ってくれていれば、「希望を叶えてあげられた」という事実が生まれ、こんな疑問は抱かなかったでしょう。これは生前のたった一言さえあれば防げた後悔だと思うのです。

私が感じたものと同じ疑問を、家族を見送った多くの方々が持たれているのですが、疑問を持った時には、すでに解決できる人がこの世を旅立った後。ずっと疑問を抱えることになってしまいます。旅立つ本人が、どうしてもらうのが幸せなのかを伝え残してあげるだけで、遺された人の気持ちを穏やかにしてあげられたのに、もったいないと思いませんか？

あなたが旅立つ時、遺される家族が後悔しないようにできるのは、あなただけなのです。

今、お葬式に対する意識が徐々に進歩しています。以前は「縁起でもない！」の一言で片付けられ、タブー視され続けたことですが、映画『おくりびと』が海外でも認められ、ストーリーの中では死と向き合う尊さが語られています。この本のタイトルにもなっている「終活」という言葉は、２００９年に監修をさせていただいた、週刊朝日誌の「現代終活事情」という連載で生まれた、まだ新しい言葉なのですが、誕生から一年、２０１０年度のユーキャン新語・流行語大賞にもノミネートされるほどに広まってきています。また、テレビや新聞、雑誌などの様々なメディアでもお葬式の特集が組まれ、10年前とは比べものにならないほど、お葬式の情報公開が進んでいるのです。

今こそ、あなた自身が自分の人生の終点に思いを馳せ、その最期の時に「悔いのない、良い人生だったな」と思えるよう、そして、遺されたご家族があなたを想う時、後悔が残らないよう、終活に一歩踏み出す良きタイミングなのではないでしょうか。

良く死ぬことは、良く生きるということ

ほとんどの人が「私はまだまだ死なない」と漠然と思いながら、毎日を過ごしていることでしょう。今の生活はそれだけ死を考える暇もないくらいのスピードで動いていますし、縁起でもない〝死ぬこ

と〟を話題にするよりも、もっと楽しいことが山ほどあるからです。

これは、200年以上前の人も同じだったようです。

備前佐賀藩士の山本常朝は、著書『葉隠』で、「貴人も卑しい人も、老人も若者も必ず死ぬ。しかし、死ぬとは知っているが、自分だけはほかの誰よりも最後に死ぬだろうと思い、死ぬのも今ではない、と思い込んでいる」と述べています。まさに今の私たちと同じではないでしょうか。

しかし、昔の人たちは「死」に対して、私たちよりもよっぽど進んでいました。彼らは生活の中で代替わりや身辺の整理などの旅立つ準備を自然と行い、近所づきあいを大切にしながら、遺される大事な人たちにできるだけ迷惑をかけないようにしておきました。そして、その人が亡くなったら、遺された人のうちの誰かが、当たり前のようにすべてを取り仕切って、その人を埋葬する。たとえ身寄りのない長屋暮らしでも、誰かがきちんと弔ってくれるという安心感を持ちながら暮らしていたのです。

では、今の私たちはどうでしょうか？　ふだん死をできるだけ考えないように暮らしているせいで、いざという時にあたふたとパニックになってしまっています。亡くなる方も特に準備はしていませんし、見送る側も、その人が亡くなってお葬式に直面してから、焦って動きはじめます。

ただでさえ大変なお葬式なのに、これではうまくいく方がおかしいのではないでしょうか。

実際にお葬式で後悔する人は8割もいるそうです。（※東京都生活文化局平成15年調査）

葬儀費用がかかり過ぎたり、葬儀社選びを間違えたり、親戚とうまくいかなかったりと、あなたが亡くなった後、あなたを失う悲しみに輪をかけて嫌な思いをしてしまう。こんなことが日常茶飯事的に起きているのが、お葬式の現状なのです。

あなたご自身のお葬式で、家族にゆっくり別れを惜しんでもらうか、そんな暇がないくらいに大変な思いをさせてしまうのかを決められるのは、他でもない「あなただけ」なのです。たとえ、あなたがいつの日か死んでしまうのかということは避けられないことだとしても、どんなふうに旅立つかというのは、あなた自身がコントロールできるもの。あなたが決めておけることなのです。

先に紹介した『葉隠』の一節に、こういう言葉があります。

「人生は現在の一瞬に徹して生きるという一念、つまり端的只今が大事である。一瞬、一瞬の積み重ねが一生であり、ここに気がつけば、右往左往することなく、ほかに求めるものなし。この一瞬を大切にして生きるのみである」

私たちの人生が〝今の連続〟でつくられるもので、その終点が〝死ぬ〟ということなのだとすれば、今を大切に自分らしく生きていくこと、すなわち、良く生きることこそが、良く死ぬことにつながるのではないでしょうか。

「終活」のすすめの意味

家族が亡くなってからお葬式が終わるまでの3日間は、〝3日間戦争〟と言えるくらい、精神的にも体力的にもくたくたになります。初めてのことばかりが連続し、精神的に追い詰められたせいで、お葬式の記憶がほとんどないという方もいらっしゃいます。

結婚式ならば、半年も一年も前から準備して、余裕を持って迎えることができますが、お葬式はそれを「明日、あさってでやってください」と言われているようなもの。準備なしの「ぶっつけ本番」ですから、パニックになるのも無理はありません。なかには、「その忙しさが悲しみを忘れさせるから良いのだ」という考え方もありますが、どうしても私にはそう思えないのです。

思いっきり悲しんで、涙を流し、何十年分の「ありがとう」を伝えて、思いっきり見送った方が、「お別れした事実」が心にしっかりと刻まれ、早い時期に前向きな気持ちになれると思うのです。

しかし、亡くなってから動き出したのでは、すでに3日間戦争が始まっていますから、そのまま突っ切るしかありません。そうしなければ追いついていかないからです。お葬式に直面した「その時」、余裕を持って対処できるかどうかは、事前にどれだけ備えておくことができるかにかかっています。すべては〝事前の準備〟で決まると言ってもいいでしょう。

私のもとにいらっしゃるご相談者の多くは「見送る側」の方々で、どなたも多かれ少なかれ家族の葬儀を準備することへの「罪悪感」を感じながら、それでも「後悔したくない」という想いを持ってご相談にいらっしゃいます。かく言う私自身も、母のお葬式を事前準備する際は、頑張って治療に耐えている母に申し訳ないという気持ちを持ちながら動いたものでした。

お葬式の事前準備をするということは、後悔やトラブルを防ぎ、満足できるお別れをするために最も有効で、必須条件でもあると思うのですが、見送るご家族はそういう気持ちを抱えながら取り組んでいるというのも事実なのです。

一方、ご相談者の中には「自分のお葬式」を相談しに来られる方もいらっしゃいます。

一番の違いは、何といってもご相談者自身が明るいということです。まるでパーティーの計画をしているかのように、楽しみながら要望をまとめられた方もいらっしゃいますし、医師から余命宣告を受けてご相談をされた方も、自分のお葬式でいかに家族が穏やかに過ごせるかを目標に、積極的に意見を出されました。そこには、お葬式を準備することへの「罪悪感」はありません。

私は、お葬式の準備をする一番の適任者は、やっぱりご本人なのだと思うのです。

誰もが遺される家族に迷惑をかけたいなどとは思っていません。しかし、心ならずもそのお葬式で後悔してしまう家族が後を絶たない今、あなた自身ができることをしておくのが最良の選択なのではないでしょうか。「遺される家族に迷惑をかけたくない」その思いやりを形にできるのが「終活」なのです。

この本は、『終活のすすめ』と題して、あなたがこの世を去るその時、遺されるご家族や友人にできるだけ迷惑をかけず、負担を軽くしてあげ、爽やかに旅立つための備えをご紹介しています。

「元気なうちからお葬式のことを口にするなんて……」などと言わずに、ちょっとだけ考えてみてください。人が亡くなるということは、その人が生きてきた証拠であって、とっても尊いものですよね。早い・遅いはあっても、誰もがいつかは死んでしまうことは避けられませんし、死んでしまってからではどうすることもできません。すべての人に平等に訪れるものだからこそ、「できることを、できるうちにやっておく」ことで、毎日をよりいっそう有意義なものにできるのです。

そして、終活をするということは、遺されるご家族ができるだけ困らないよう、悲しみが深すぎないようにしておいてあげる、深い愛情のあらわれでもあります。

また、終活とはお葬式の準備に限ったことではありません。これは、あなたがこれからの人生を活きいきと、あなたらしく過ごしていくという「決意表明」なのです。

終活の意味、それは、ご家族への思いやりと、あなたらしさを両立することです。

この本が、あなたがこの先の人生を見つめなおし、より良く生きるきっかけになれば幸いです。

２０１１年１月

市川　愛

目次

はじめに

第1章

第4章
納骨と供養を人任せにはできないあなたへ……145

第5章 老い支度の整え方……173

第6章 家族へのラブレター　~遺言書とエンディングノート~……193

おわりに

第1章

「終活」のすすめ

～安心して旅立つために、あなたができること～

お葬式の今「お葬式費用の全国平均」

「お葬式の現状」を知るためにお葬式費用の全国平均と地域別の平均をご紹介します。（単位＝万円）

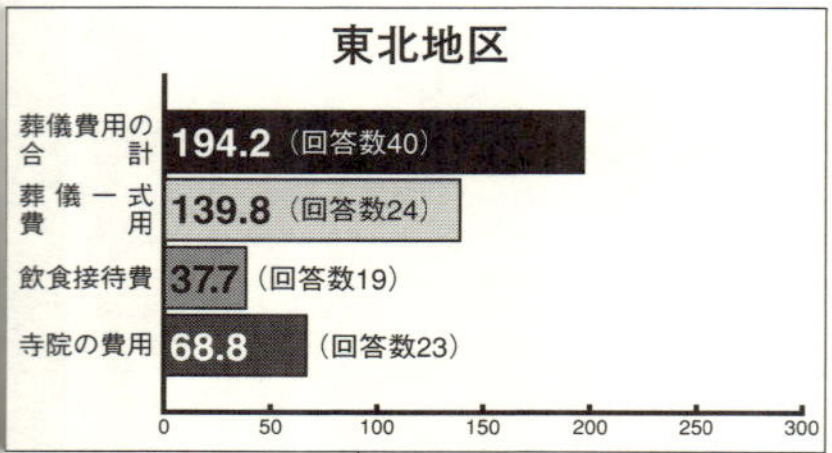

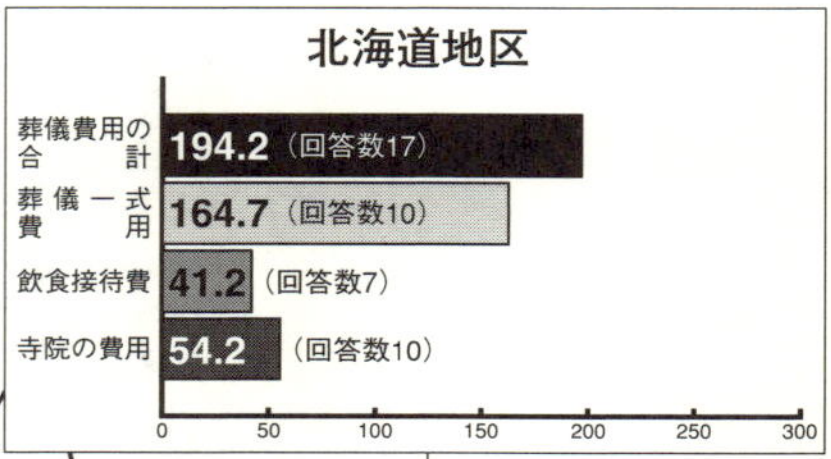

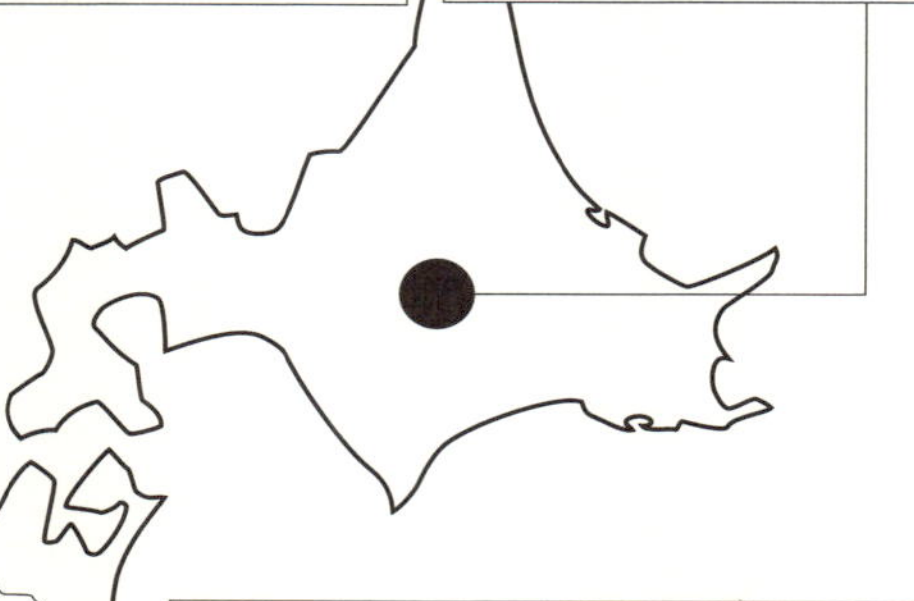

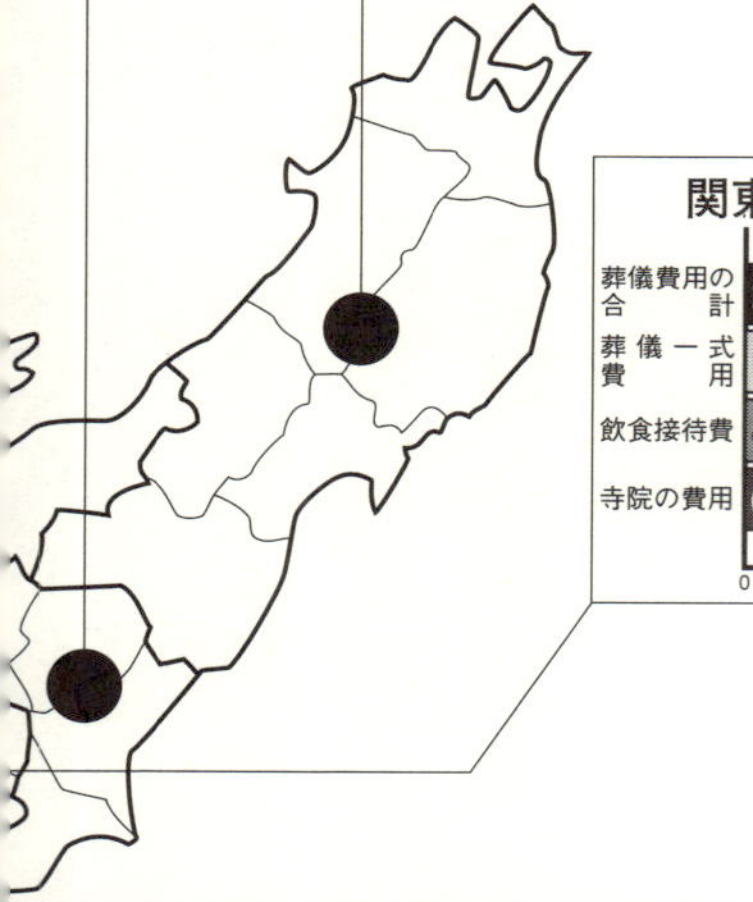

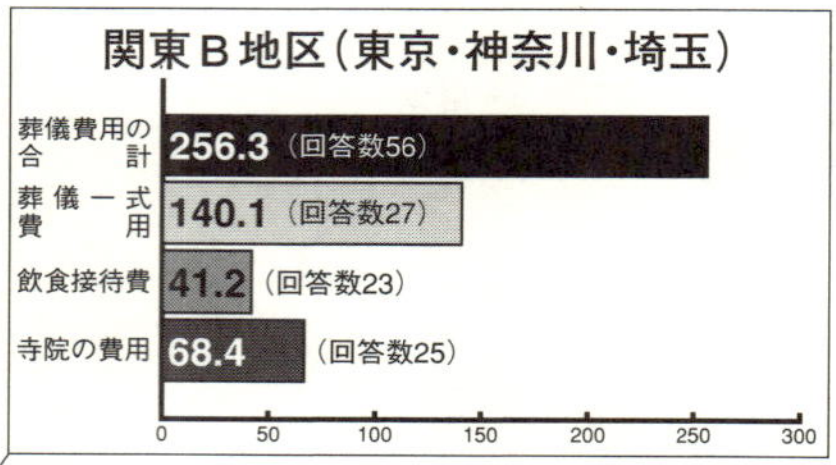

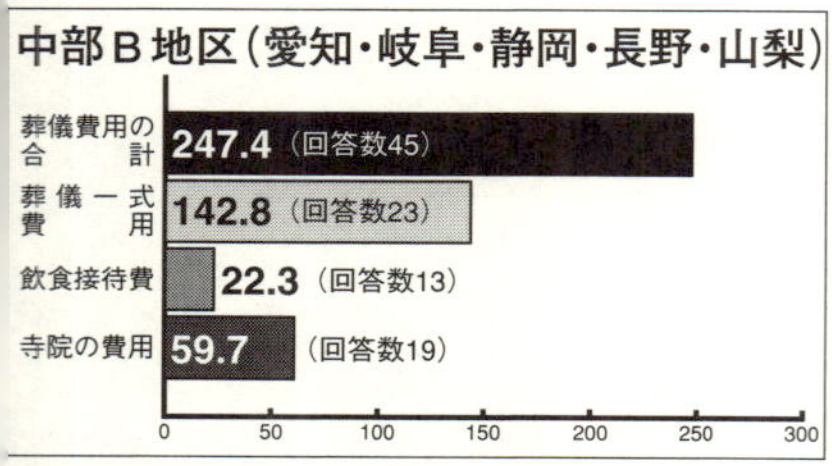

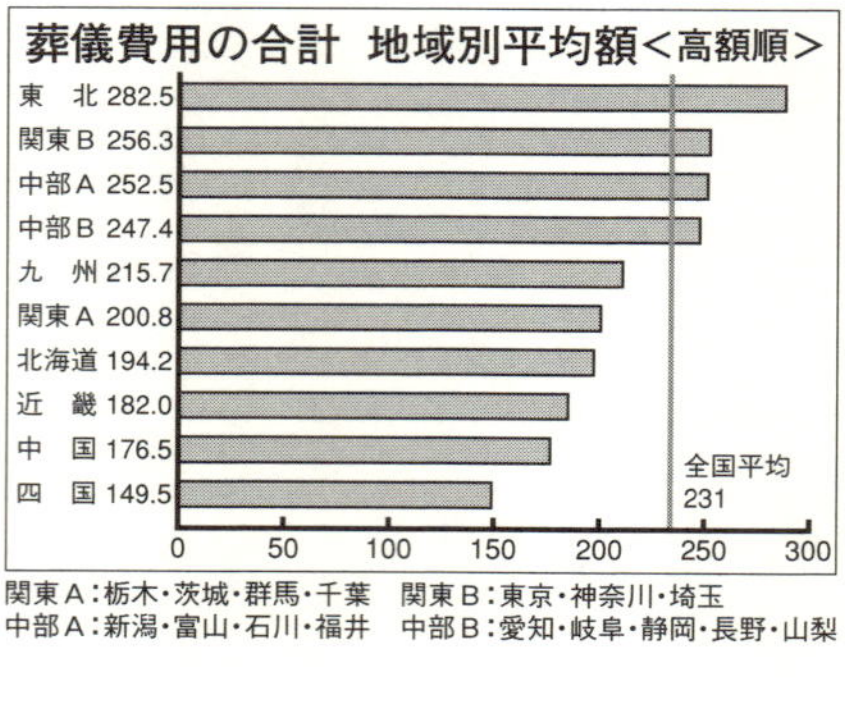

関東Ａ：栃木・茨城・群馬・千葉　関東Ｂ：東京・神奈川・埼玉
中部Ａ：新潟・富山・石川・福井　中部Ｂ：愛知・岐阜・静岡・長野・山梨

「葬儀で実際にかかった費用」より抜粋。

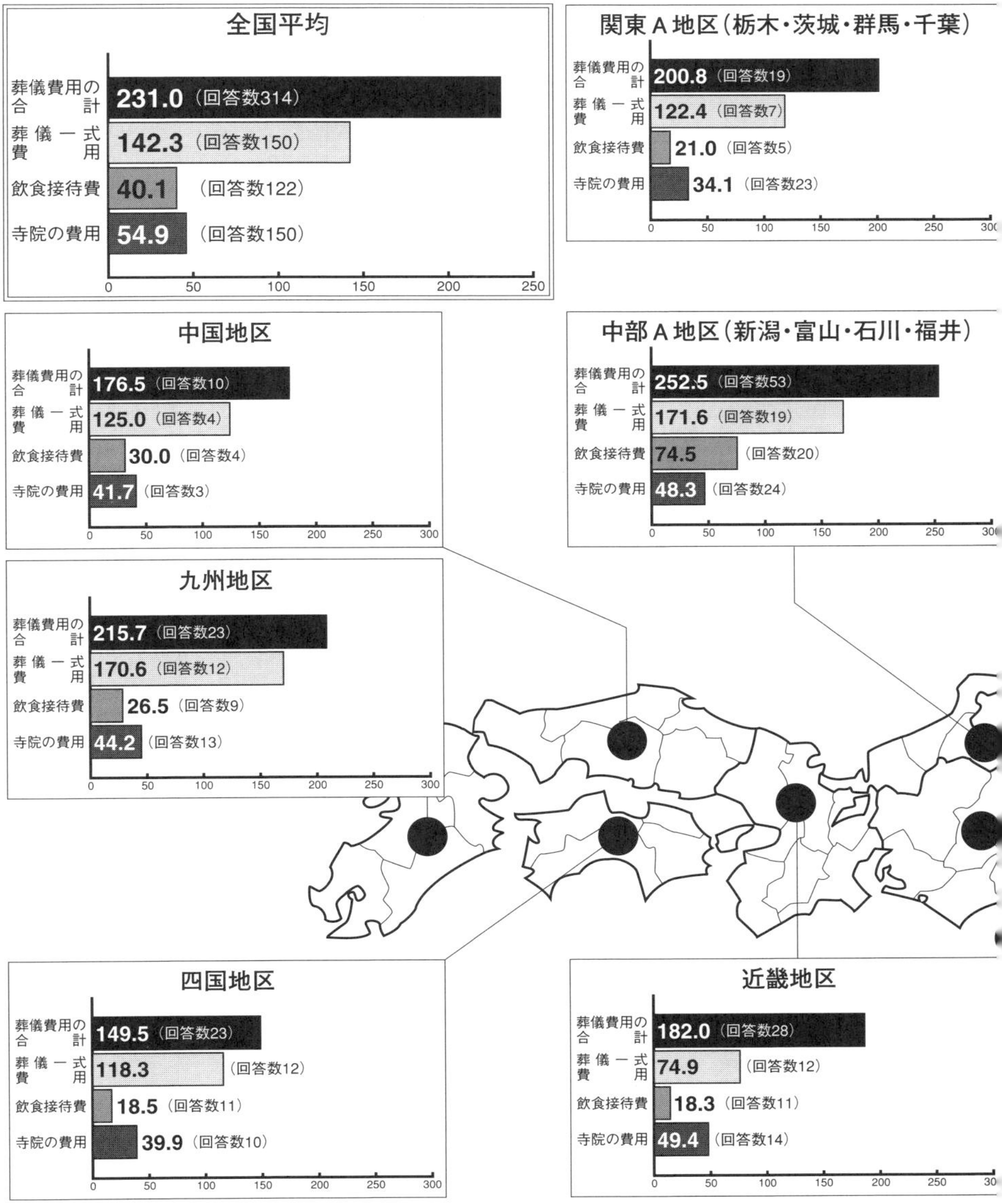

※ 日本消費者協会発表　第8回「葬儀についてのアンケート調査」報告書（2007年12月）

お葬式の「普通」が変だ!

各地のお葬式にかかる平均費用、あなたのお住まいの地域はどれくらいでしたか。

私は各地の講演でよくこの平均費用のお話をしますが、反応は大きく二通りに分かれます。お葬式経験者の皆さんは「そうなのよ～」と、苦い顔。未経験の皆さんは一様に「そんなにかかるのか!」と、ビックリ。あなたはどちらですか? いくらなんでも「こんなに安くすむのだったら安心だ」なんて思う方はそうそういらっしゃいませんよね。

実はこの平均費用、これがどういう意味を持っているかというと、葬儀社に「普通でお願いします」と、全部お任せしてしまった場合に、これくらいの費用がかかるかもしれませんよ、という金額なのです。しかし、私にはどうしてもこの平均費用が「普通の価格」だとは思えないのです。

そもそも「普通」とはいったい何なのでしょうか? そして、誰が決めたものなのでしょうか?

この「普通のお葬式」とは、葬儀業界とこれまでの消費者との共同作業でできてきたものなのです。まず、どこかの遺族に「普通でお願いします」とお任せされた葬儀社が、「あんまり貧相だとアレだし、これくらいにしておこうか」という内容を考えて提供し、遺族はそれに何の疑問も持たずにお金を支払う。これが連綿と続いてきたから、こんなにも高額な平均費用ができあがってしまった。私はそう思うのです。

ここで、以前、私が実施した葬儀費用の意識調査アンケート結果をご紹介しましょう。

Q あなたが今お葬式を出すことになったら、予算は総額でいくらですか？

［インターネット上での選択式　回答者数195名］

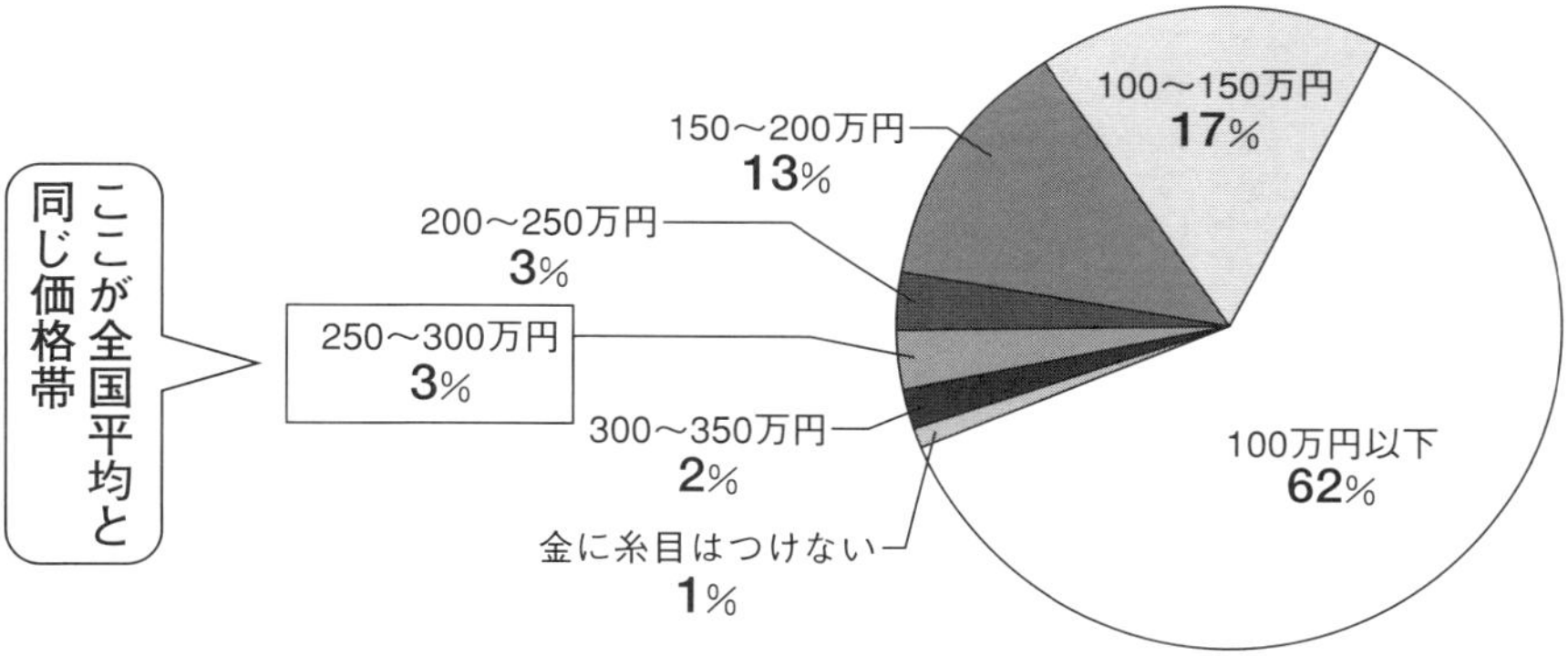

投票者のコメント

◆たぶん、みんな葬儀代が高いと思っているのは、「何にもわかんないうちに葬儀社側にいいようにお金を出させられている」感が強いからなんじゃないかな。ぼったくられている、とかそういうもの以前に「いいようにされている」感じに拒否感があるというか……。納得がいけば高いものであっても悔いは残らないだろうし、悔いが残る場合、母の時はああだったが、父の時は（or自分の時は）あの失敗を踏まえて、とかって思うのって、そういうところじゃないのかなと。

◆基本的に葬式費用は自分で準備してね！　って親には話しています。葬式自体にお金をかけるのは無駄だと思うし、お金は生きているうちに使いたい。

◆本人が「立派な葬式をこれで」と残してくれた場合は、希望通りの金額でとり行いたいと思いますが、それ以外はこちらのできる範囲でというのが本心です。となると、できるだけお値打ちにということでしょうか。

いかがでしょうか。とても正直な気持ちが現われた結果ですよね。消費者の希望する金額と、実際の費用とのズレ。何より、全国平均額以上を選んだ方々が全体の1割にも満たないとは驚きです。このデータから、「普通のお葬式」の金額は、消費者が望んでこの金額になったのではなく、かかってしまっているものだという現状がはっきりと見えてきます。

そもそも、なぜ、「普通でお願いします」と言ってしまうのでしょう。それはきっと「分からないから」なのではないでしょうか。遺される家族にとって、お葬式とは経験もなければ知識もない中で突然やってくるものですから当然のことです。

「どうやってあげれば故人が喜ぶか分からない」

これも当たり前。意味はちょっと違いますが「死人に口なし」という言葉があるように、亡くなった人からは要望を聞くことができません。かといって立派にすると高くなりそうだし、あまりに質素にすると世間体も悪い。だから「普通」がいいんですよね。

でも、そもそも、「普通のお葬式」という言葉自体が、ものすごく変なのです。

だって、お金持ちが感じる「普通」と、庶民が感じる「普通」が同じなはずがないでしょう？　格差がクローズアップされている今、お葬式の費用の200万円が安く感じる人もいれば、逆立ちしても手が出ない人もいるのです。葬儀社に「普通でお願いします」とお願いしても、「あなたにとっての普通とは何ですか？」とは聞いてくれません。その葬儀社の経験で判断された「普通」のお葬式が出てきます。それなのに、「普通」という単なる感覚でしかない言葉で200万円以上も払ってしまう平均的な私たち。まずは、このおかしさに気づきましょう。

お葬式の費用は、あなたの要望しだいで高くも安くもできるものなのです。あなたが亡くなった後、お葬式のことを何も知らない家族があなたの要望を知らなかったら、葬儀社に「普通でお願いします」なんて言いかねません。そうしたらあなたのお葬式にいくらかかることか……。

あなたができること、それは、「これくらいの予算で、こういうお葬式をしてほしい」と、明確に伝え残し、できるだけその準備をしておいてあげることです。それ以外に、あなたの気持ちを遺される人へ正確に伝えることはできません。

あなたが一足先に旅立つ時、遺される人ができるだけ迷わないように、困らないようにしておくこと。それが、終活なのです。

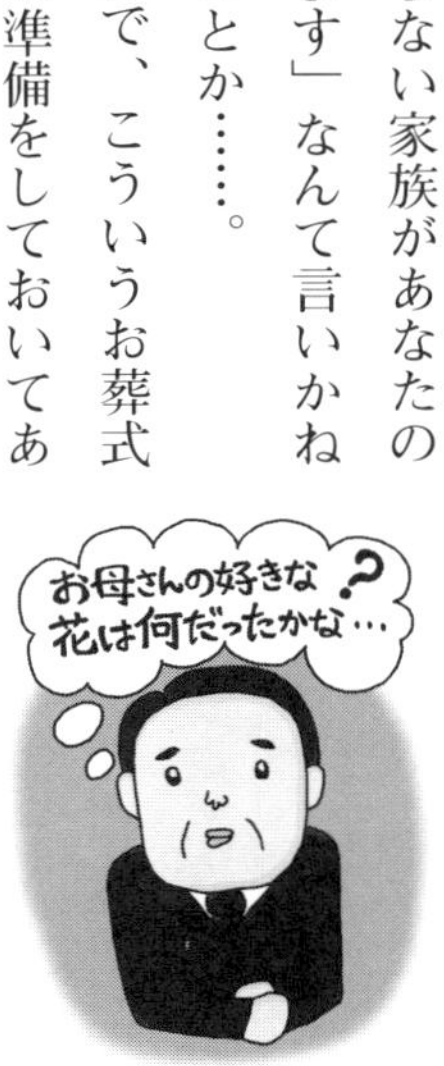

お葬式で100万円損する方法

16ページのグラフでもご紹介しましたが、お葬式費用の全国平均は「231・0万円」。そして、前述したように、この平均額は葬儀社の考えた「普通のお葬式」をベースにはじき出された金額です。つまり、葬儀の内容を決定する際に葬儀社から言われる、「皆さんこれくらいでやられていますよ」というアドバイスにそのまま乗っかると、このくらい必要になるということ。

「お葬式のことなんてよく分からないから、アドバイスを鵜呑みにしてしまうかもしれない」と思ったあなた、要注意です！　このままでは、確実に100万円、損をしてしまいますよ。

ここだけの話ですが、同じような内容のお葬式でも、業者によって100万円の金額差が出ることなんて、葬儀の現場では珍しくもなんともないことなのです。事実、ほとんどの方が次の「100万円損する3つのポイント」のどれかに当てはまってしまっているのですから。

［100万円損する3つのポイント］

(1) 行き当たりばったりで葬儀社を決める

(2) すべて葬儀社に任せる

(3) 見積りを取らずに口約束で契約する

正直なところ、この3つすべてを兼ね備えてしまっている方も大変多いのですが、これって言い換えてみれば「何も準備しない」と同じことですよね。

お葬式で後悔してしまうということは葬儀社だけのせいではありません。依頼する側が何も決めず、決定権を葬儀社に預け、金額の把握もせずに契約してしまう。いくらあわただしい中で進めているといっても、これでは上手くいくほうがおかしいのではないでしょうか？「8割が何らかの後悔をする」というのも頷けます。

では、あなたが残り2割の「お葬式に満足できた側」に入るにはどうすればいいのか——。

せっかくですからその方法を知ってほしいと思うのですが、勘の良い方ならなんとなく見えてきたのではないでしょうか。そう、先ほどの「100万円損する3つのポイント」。これと逆のことをすれば、何も準備しなかった場合に比べて100万円節約できるうえ、後悔のないお葬式ができるということなのです。と、いうことは——

［100万円節約する3つのポイント］
(1) 事前に葬儀社を複数社から「選ぶ」
(2) 葬儀社に任せきりにせず、しっかり「要望」する
(3) 必ず見積りを取り、「検討」した後で依頼する

こうなりますよね。3つくらいだったらチャレンジできそうだと思いませんか？

お葬式の現場では、精神的な余裕もないままに、時間との戦いが待っています。経験のない中でバタバタと慌てて決めるようでは、思うようにいかない方が当然なのかもしれません。納得のいくお葬式をするためには、事前の準備が必須なのです。

お葬式費用のしくみ

「気が付かない間にどんどん加算されていき、追加費用がすごい金額になってしまった」

「広告で見た金額の倍以上のお金がかかった」

「よく分からないうちに請求が高額になっていた」

こういったお葬式費用に関する後悔談を、私は仕事柄、大変多く耳にしています。

しかし、これらの後悔は、葬儀費用のかかり方（課金システム）さえ知っていれば防げる後悔だったのかもしれません。なぜなら、「お葬式が不透明だ」と言われている大きな原因は、この「費用の分かりにくさ」にあるのですから。

まず、あなたに知っておいてほしい、お葬式にかかる費用の大前提をお話しします。

実はこの「葬儀費用」という言葉は、私たち消費者と葬儀社とではまったく違う意味の言葉なのです。たとえば、葬儀のチラシに躍る「葬儀一式50万円！」とか「葬儀費用は50万円だけ！」という広告文。この「葬儀費用」や「葬儀一式」という言葉で私たちがイメージするのは、「お葬式に必要なすべての金額」ですよね？（日本語ではそういう意味ですもの）。しかし、葬儀社にとっての葬儀費用は違う意味なのです。左図をご覧ください。

お葬式費用のしくみ

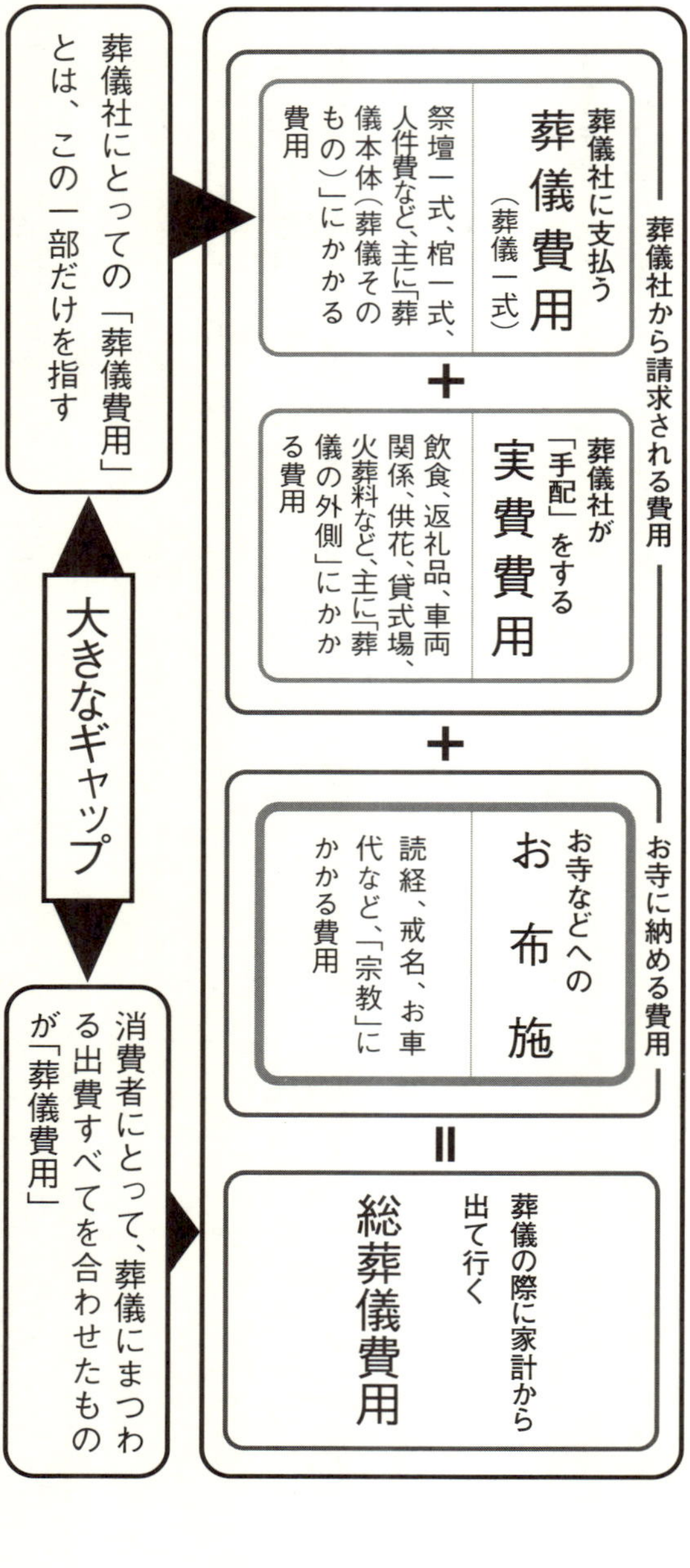

葬儀社から請求される費用
葬儀社に支払う
葬儀費用
（葬儀一式）
祭壇一式、棺一式、人件費など、主に「葬儀本体（葬儀そのもの）」にかかる費用
＋
葬儀社が「手配」をする
実費費用
飲食、返礼品、車両関係、供花、貸式場、火葬料など、主に「葬儀の外側」にかかる費用
＋
お寺に納める費用
お寺などへの
お布施
読経、戒名、お車代など、「宗教」にかかる費用
＝
葬儀の際に家計から出て行く
総葬儀費用
葬儀社にとっての「葬儀費用」とは、この一部だけを指す
大きなギャップ
消費者にとって、葬儀にまつわる出費すべてを合わせたものが「葬儀費用」

葬儀社にとっての葬儀費用、葬儀一式とは、いちばん上の「葬儀社に支払う『葬儀費用』」この一部分だけ。私たちにとっての葬儀費用が「葬儀の際に家計から出て行く費用」だとすれば、「葬儀費用」という言葉ひとつにしても、両者にはとても大きなギャップがあるのです。

それでは「葬儀費用」と「実費費用」についてもう少し詳しくお話ししましょう。

「葬儀費用」というのは、簡単にいうと「祭壇一式のレンタル料」と「棺」と「人件費」の金額で、葬儀本体ともいわれています。広告で見かける「葬儀一式50万円！」というのがこれ。

でも、これだけではお葬式は行えません。

通夜振舞いや精進落としの「飲食」、会葬御礼や香典返しの「返礼品」、霊柩車やマイクロバスなどの「車両関連」、自宅以外で葬儀を行う際の「式場利用料」、そして火葬の際に支払う「火葬料」などが別途必要になってきます。これらがすべて実費としてかかる費用なのです。

実費費用とは、お葬式の場所を借りたり、お食事を用意したり、会葬御礼や香典返しなどの品物を用意するなど、主に「儀式の周辺に必要なものの費用」のことです。

しかし、ここで疑問がわいてきませんか？　お葬式には必ず必要なものなのに、なぜ葬儀一式の中には実費費用の項目が入っていないのでしょうか。不思議ですよね。

なぜ、実費費用の項目が葬儀費用の中に入っていないのか。それは、各項目を葬儀社が手配をして精算の代行をしているだけだから。飲食は仕出し屋さんが、返礼品は返礼品業者がそれぞれ用意し、葬儀社を窓口にして販売しているのです。

たとえばあなたが、実費費用の存在を知らずに「葬儀一式50万円！」を信じて葬儀社へ全部お任せしたとしましょう。すると、冒頭のように「結局は、広告の倍以上のお金がかかった」なんていうことが起きてしまう可能性が大きいのです。

これは、消費者の「葬儀一式って書いてあるのだからこれで済むだろう」という心理をうまくついた、古くからある広告テクニックのひとつ。

でも心配いりません。あなたは今、葬儀費用の仕組みと実費費用の存在を知りました。これさえ知っておけば、こんなテクニックには引っかかりません。葬儀費用とは別に、実費分はいくらかかるのかを確認するだけなのですから。

「お気持ちって一体いくら?」お布施の謎

お葬式費用の中でも、多くの方が口を揃えて「よく分からない」と言う項目が、お布施です。お坊さんに金額を聞いたら「お気持ちで結構です」と言われ、いっそう頭を悩ませることになったというのもよくある話。葬儀費用と違って〝商売〟ではない分、よりいっそう分かりにくいものとなっています。

この場合の「お布施」とは、お葬式の際にお坊さんに来ていただいて、お経を読んでもらい、戒名を授けてもらうための費用のことを指すのですが、お布施はあくまでもお布施であって、費用ではないというのがお坊さん方の言い分。かくいう私も、以前ある僧侶に「戒名料」について質問したところ「料金ではありませんよ!」と、たいそう怒られた経験があります。

しかし、名目が何であれ、家計からお金が出て行くのは事実ですから、「ではいくら?」となるのが俗世に住む私たちの本音です。お布施と料金。ここにも大きなギャップがあるのです。

定価のないお布施ですが、相場というものは存在します。

お布施の額を決める要素としては、
(1)お寺のある地域（都市部は高めの傾向にある）
(2)お寺の格式や宗派（格式の高いお寺ほどお布施も多く必要）
(3)これまでの付き合い方（頻繁に行き来がありお布施をしてきた家と、数十年ぶりに連絡した家との違い）
(4)住職の考え方（「お気持ちで結構」が本音なのか、建前なのか）
(5)戒名の位・ランク（位が高い戒名ほど高い）
などが関わってきます。

具体的な金額は、最後にお葬式を出した親戚に聞いたり、ご自身の地域の平均額（16～17ページ）を参考にしてください。


いかがですか？　葬儀費用のかかり方を初めて知ったあなたは、少々驚いたかもしれませんが、祭壇を飾り、棺を用意するだけではお葬式はあげられません。実費費用やお布施など、付帯費用があることを忘れず、必ず「お葬式の際に家計から出て行く総額」を考えるようにしましょう。

お葬式を考える時の要素

ご相談をお受けしていると、「恥ずかしいのですが、何が分からないのかも分からないんです」とか、「まったく分からないので、何から相談すればいいか教えてください」と言われることが少なくありません。でもこれって、少しも恥ずかしいことではありませんよね。

経験がないなら当然ですし、私からしてみれば、初めから要望をまとめられる方が驚いてしまいます。どんなことでも同じだと思うのですが、どんな選択肢があるのか、自分にはどういうものが合っているのか、準備するものは何かなどを知らなければ判断できません。実際の話、皆さんこれが分からないから、要望をまとめられないまま、全部を葬儀社にお任せしてしまうのです。

何から考えればいいのか、そして、自分がどうしたいのかが分からないのなら、まずは要望のまとめ方を知って、次に要望をまとめ、そのあとで葬儀社を選んでいくという順番で少しずつ考えてみてください。あせらずゆっくり、あんまり難しく考えないでくださいね。

考えておくポイントは、たったの４つ。お葬式の規模、形式、場所、こだわりだけです。これをこの順番でしっかり考えておくだけで、誰でもお葬式の要望をまとめられます。

お葬式の規模を考えよう

まず考えるのが、「お葬式の規模」です。規模とはお葬式の大きさのことで、すなわち、参列者の人数のことです。近頃よく耳にする「密葬」「家族葬」というのも、この規模を表わすスタイルのこと。参列者が多い大規模葬、参列者が身内だけの密葬という具合です。

事前に出欠を取る結婚式と違って、お葬式は参列者の人数が分かりづらいと言われていますが、関係の近さごとにグループ分けをする方法をとれば、比較的予想がつけやすくなり、お葬式の規模をコントロールできるようになります。年賀状のやり取りを参考にすると、とても分かりやすいので、まずはお手元の年賀状をグループ分けするところからはじめてみてください。

たとえば、下図のように、本人と同居の家族を中心に考えると、関係が近い順に関係者をグループに分けることができると思います。そのグループの中の、どこまでにお葬式をお知らせして、どこから知らせないかを考えればいいのです。

また、お葬式の規模は「葬儀費用」に直結するとても大切な要素です。なぜならば、参列者の人数が多いと式場もその人数に対応できる広さにする必要がありますし、祭壇もその式場の広さに応じて大きくなっていき、式場や祭壇の費用が高くなっていくからです。

さらに、返礼品や飲食の数も規模に応じて増えていきますから、お葬式の規模が大きいと、大きなお金が必要なのです。

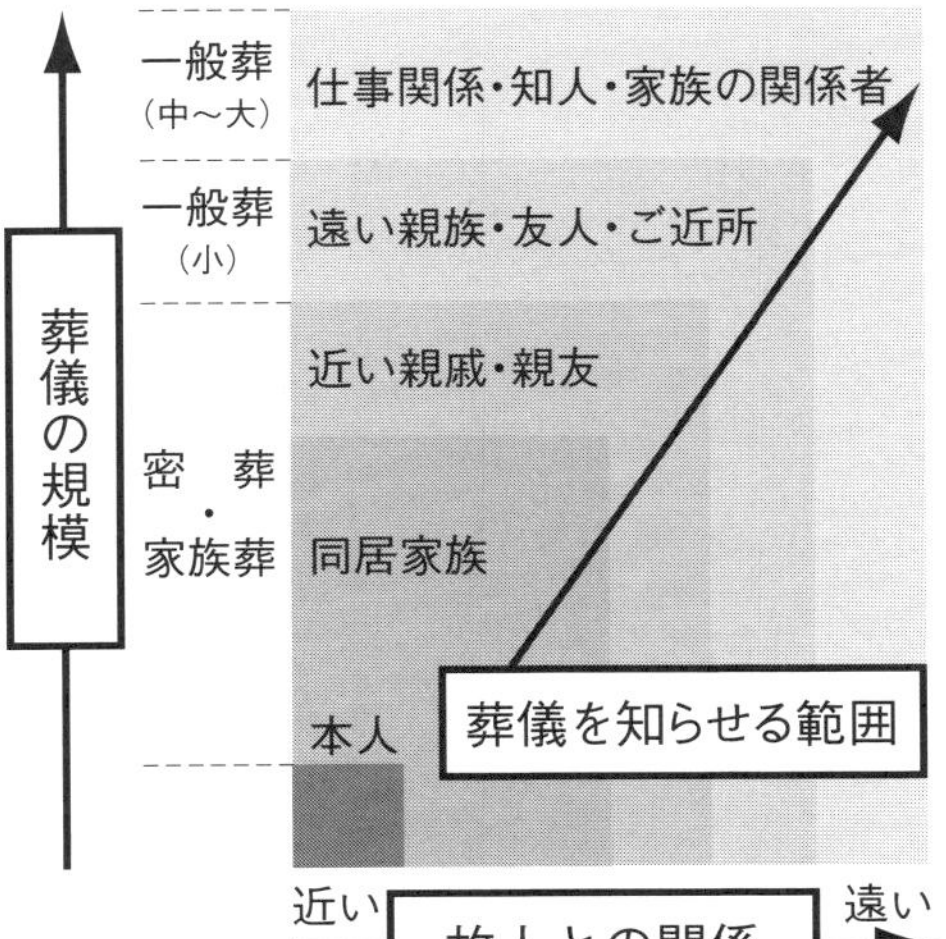

ただ、参列者が多い場合はそのぶん香典収入（平均7千円前後）がありますので、飲食や返礼品分は、これでまかなえると考えてよいでしょう。

いずれにしても、まずは規模の把握。お葬式の検討はここからはじまるのです。

お葬式の形式はどうする？

規模の見当がついたら、次は形式です。お葬式の形式とは、簡単に言うと「宗教」のこと。「あなたの宗教は何ですか？」と聞くと、「私は無宗教です」なんて言われてしまうのですが、お葬式の場合の宗教とは、どこそこ教の信者という意味ではなく、お葬式でどの形式をとるかという意味です。とくにどの宗教も信じていないという方でも、お葬式で僧侶にお経を読んでもらう場合は、「仏教の形＝仏式」となります。

仏式の他には、神道の形＝神式、キリスト教のキリスト式、そして、あえて宗教色を無くした無宗教式などがあります。

お葬式の形は様々な宗教ごとに分かれていますが、9割以上が仏式で行われているといわれていますので、自分の形式が分からないという場合は、ほとんどが仏式だと思って良いでしょう。

たとえば、仮にお葬式をしない「直葬（火葬のみ）」であっても、僧侶に火葬場まで来てもらって、お別れのお経を読んでもらうのであれば「仏式」ということになります。

お葬式のそれぞれの形式、雰囲気だけでも分かるように、大まかな特徴を紹介しますので、仏式を基準に、他の形式を比べてみてください。

お葬式の形式　それぞれの特徴

形式名	施行人の依頼先	施行人	進行の中心	捧げるもの	式の呼び方	法要など
仏式	お寺	僧侶	読経	お焼香	お通夜 告別式	初七日 四十九日
神式	神社	神官	祝詞《のりと》	玉串奉奠《たまぐしほうてん》	通夜祭 葬場祭	十日祭 五十日祭
キリスト式	教会	神父・牧師	祈り	献花	ミサ 告別式	追悼ミサ
無宗教	葬儀社	司会者	音楽など	献花など	お通夜 告別式など	偲ぶ会など

現在の葬儀の主流でもある「仏式」のことをもう少し詳しくご紹介しましょう。

仏式の場合は、宗派（しゅうは＝仏教の中の分派で、曹洞宗、浄土宗など十数派に分かれる）はどこになるのか、菩提寺（ぼだいじ＝代々のお墓やお付き合いがあるお寺）があるのかないのかを、家族や親戚に確認しておきましょう。

仏式のお葬式の場合は僧侶に来ていただきますが、どこの僧侶でもいいというわけではありません。通常は、お付き合いのある菩提寺の僧侶に来ていただきます。菩提寺が遠くて来ていただけない場合は、菩提寺が紹介してくれる場合がありますので、お伺いをたてましょう。紹介していただけた場合は、戒名のやり取りなどもスムーズです。紹介していただけない時や、そもそも菩提寺がないという場合は、葬儀社や寺院の紹介所などで手配してもらいます。

ここで気をつけたいのが戒名です。

あなたに菩提寺がある場合、お葬式は他のお寺の住職に来ていただいたとしても、戒名をいただくのだけは菩提寺からにしてください。他のお寺からもらった戒名では、菩提寺のお墓への納骨を断られることが多いのです。

お葬式の場所はどこにする?

お葬式の場所とは、お通夜・告別式を行う場所のことを指しますが、もうひとつ、病院から搬送して安置する場所も考えなくてはなりません。お葬式の場所とは、「安置の場所」と「お葬式の場所」のふたつの要素があるのです。

●安置の場所

今現在、8割以上の方が病院でお亡くなりになっています。ドライな話になりますが、お亡くなりになってしまった場合、病院からはできるだけ早く退院するように促されます。

ですから、まず初めに決めなければならないことは、病院からどこへご遺体を搬送するかです。

安置の場所で代表的なところは、自宅、式場の安置施設、葬儀社などがあります。自宅での安置が可能であればスムーズですが、集合住宅で問題がある場合や、家のスペースの問題で難しいケースも多くあります。その場合は、式場の安置施設や葬儀社の安置スペースなどを利用することになりますので、こういう場合は事前に葬儀社を選んでおき、ご自宅の導線を見てもらって、自宅安置が可能かどうかを知っておくのが一番安心です。

自宅安置ができず、葬儀社も決めていなかった場合に起こりがちなのが、病院や警察から紹介された葬儀社とのトラブルです。ご遺体をあずけ、安置を任せっきりにすると、対応や料金に納得がいかなかったとしても、ご遺体が人質のようになってしまい、葬儀社を変えることができなくなるのです。

自宅安置ができない場合は、地域の安置施設はどんなところがあるかを調べておくようにしましょう。火葬場に併設されていることも多いですし、自分で調べられないときは、葬儀社に聞けば教えてくれますよ。

●お葬式の場所

お葬式の場所は、「自宅」か「自宅以外」ということになります。

とはいえ、全国的に見られる傾向としては、自宅でお葬式をする「自宅葬」よりも、式場を借りてお葬式をする「会館葬」のほうが圧倒的に多くなってきています。

自宅葬の場合、式場を借りるお金はかかりませんが、祭壇を飾る部屋の片付け、参列者の導線確保、ご近所への気遣いなど、お金がかからない分、手間がかかります。手間をかけ、気を遣い、疲れる自宅葬ではなく、お金はかかっても、便利な式場を選ぶ方が主流になってきているのです。

その「式場」には、こんな種類があります。特徴とあわせてみてみましょう。

式場の種類〈メリット・デメリット・費用の目安〉

式場の種類	メリット	デメリット	費用の目安（2日間）
公営式場	自治体で運営しているため、住民は安価で利用できる。	予約がすぐに埋まり、常に込み合っている。	5～10万円
民営＝貸式場	施設がきれいで設備も整っており、比較的空いている。	利用料が高額。	20～50万円
民営＝葬儀社の自社式場	貸式場に比べ、何かと融通がきく場合が多い。	運営している葬儀社しか使えないことが多い。	10万円前後。葬儀費用に含まれている場合もある。
民営＝寺院式場	数が多く比較的空いている。	利用できる宗教・宗派が制限されることがある。	10～50万円

この他に火葬場と式場が同じ敷地内にある「火葬場併設式場」が公営・民営ともに人気が高いのですが、常に混み合っていて、なかには1週間以上待つ場合もあります。

私の母の葬儀では、神奈川県川崎市の運営する火葬場併設式場を利用したのですが、なんと6日間も待ちました。

火葬場併設式場の大きなメリットは、式場から火葬場への移動がないため、霊柩車やマイクロバスの移動費用がかからないことと、移動のせわしなさが避けられることでしょう。

式場選びの考え方としては、費用が気になる方は、お住まいの地域に公営式場があるかを確認して、そこを「第一希望」ということで考えておき、もし混み合っていたら、民営式場を「第二希望」で、という具合に、あらかじめ何通りかのケースを想定しておくと慌てずにすみます。

また、参列者の利便性を優先したい時には、「参列者の多くがどこから来るか」を考え、遠方からの方が多い場合には、乗り継ぎが少なく交通の便が良い式場、ご近所の方が多いのであれば、自宅近くの式場をというように選ぶと良いでしょう。

逆に、密葬など「ご近所にも知られたくない」というケースもあるのですが、その場合はご近所に知られないよう、自宅から遠い式場で、安置・お葬式を行うのが無難です。

そんなこと言っても、どこにどんな式場があるかよく分からない！　という場合には、地元の葬儀社に聞いてみると親切に教えてくれることも多いですよ。場所を聞くだけ聞いてみて、その対応が良かったら後日、見積りをお願いしてもいいかもしれませんね。

最後に、お葬式の場所は、（あたりまえですが）予約ができませんから、「絶対ここ！」と決め付けるよりも、第二希望くらいまでの目星を付けておきましょう。

お葬式のこだわりは?

お葬式の4つの要素、最後はお葬式へのこだわりです。こだわりとは、あなたの事情に合わせて、お葬式に対する要望を考えておくということです。その事情の中で、いちばん顕著なのが「予算」ですよね。どんなに立派なお葬式を希望しても、ない袖は振れません。この予算を考える時に、前項でご紹介した「葬儀費用のかかり方」を踏まえると考えやすくなります。

また、予算の他にも、例えば「棺は一番安くていいから、料理だけは最高級にしたい」など、お金のかけ方もこだわることができます。

もう一つこだわりたいのが「自分らしさ」です。見送る方々が「あの人らしいね」と思えるような、個性が表現されるお葬式を作るということです。

「派手な印象にしたいのか、質素にしたいのか」をはじめとして、「菊は使わずにガーベラをたくさん飾りたい」「音楽はクラシックを流したい」「このワインをみんなに飲んでほしい」というのも立派なこだわりです。遺影写真にこだわってもいいでしょうし、祭壇を飾り、お経を読んでもらうという形の中でも、あなたらしさは十分表現できるのです。

また、あなたが趣味などで作った作品があれば、お葬式を個展会場にしてもいいでしょう。あなたのお葬式なのですから、自由に、どんどんわがままを言うべきです。

これを考えておくと、葬儀社に要望を伝える時にニュアンスも含めてより正確に伝わりますし、一緒になって作り上げようとしてくれる葬儀社がきっと見つかります。

お葬式の内容を考え、決めておけるのは、終活をした人の「特権」です。

ぜひ、こだわりを持って考えてみてください。きっと、素晴らしいお葬式になりますよ。

お葬式を考える時の4つの要素、規模・形式・場所・内容、ここまで考えたら、あとは良心的な葬儀社を選ぶだけです。

この際ですから、いろいろな葬儀社の対応を見て、見積りを取ってみましょう。

少し前ならば、事前の相談に乗ってくれる葬儀社を探すだけでも一苦労でしたが、今、葬儀業界は変わってきています。多くの葬儀社が積極的に事前相談、生前予約を受けていますので、あなたが「ここに頼みたい」と思える一社が見つかるまで、じっくり探せばいいのです。

良心的な葬儀社の選び方は、後ほど詳しくご紹介しますね。

祭壇費用節約の裏技　～供花の有効活用～

お葬式費用の中でも大きな割合を占める祭壇。どのような祭壇を選ぶかによって、お葬式の費用は大きく変わります。お葬式をイメージすると、木で作られた昔ながらの白木祭壇をイメージされる方が多いのですが、ここ数年はお葬式の様子も様変わりしています。対応できる葬儀社が増えたことも手伝ってか、都市部を中心に「花祭壇」の割合が多くなってきました。

何回も使いまわす白木祭壇に比べて、その人のためだけに飾られる色とりどりの花々で見送ってあげられる花祭壇は、「自分らしさ」を大切にする今のニーズに合っているのでしょう。

花祭壇というと、テレビで中継されるような大規模なお葬式でよく見かけるため、大変に高価な印象ですが、ある裏技を使うと白木の祭壇を飾るよりも大幅に安くすることも可能なのです。

その裏技とは、「供花の組み込み」と呼ばれる供花の有効活用法です。供花とは、白木の祭壇の両脇に飾る、白菊を中心とした籠花のこと。皆さんからいただくこの供花を、花祭壇で使用するユリなどの好みの花に替えて飾ってもらうのです。供花は1基につき1万5千円が相場ですから、その分を花祭壇から相殺してもらえば10基で15万円分にもなります。15万円分の花ともなればある程度のボリュームですから、一から祭壇を飾るより大幅に費用が軽減できるのです。

【供花組み込み方式にする場合のポイント】

▽ポイントその1――供花の注文窓口を一本化

花祭壇は葬儀社から注文を受けた生花業者が花を用意して飾りつけるのが一般的です。ゆえに、供花の注文をその生花業者が受けられるようにする必要があります。別の花屋さんから供花が届いても花祭壇には組み込めませんから、FAXなどで訃報を流す際に、生花の依頼先を葬儀社に一本化しておくと良いでしょう。

花祭壇

白木祭壇

▽ポイントその2——供花の組み込みを利用できる葬儀社に依頼

葬儀社によっては対応できないところもありますので、問い合わせの際に「花祭壇を飾りたいのですが、供花の分を相殺して組み込んでもらえますか？」と、一言確認しておくことが必要です。

この2つのポイントさえ守っておけば、お葬式の費用を大幅に軽減することができます。「とにかく顔が広かった」なんていう場合は一考してみる価値あり！　なのではないでしょうか？

葬儀社を「選ぶ」ということ

「葬儀社の善し悪しでお葬式のすべてが決まる」と言ってもいいくらい、葬儀社選びはとても大切です。価格だけでなく、会社の質や担当者の対応にも目を向けて、納得のいく葬儀社を複数社から「選ぶ」ということが、お葬式を満足できるものにするための大きなポイントです。

先日、ある地方の講演で、こんなことをおっしゃった方がいました。「葬儀社を事前に選んでおくなんて、とんでもない」

もしかしたらあなたも、行き当たりばったりで決めるのが当たり前のように感じていて、葬儀社を「選ぶ」という考え方には、なかなか馴染めないかもしれません。それでも、やっぱり、葬儀社は選ばなければならないと、私は声を大にして言いたいのです。

なぜなら、すべての人の要望にぴったり合うパーフェクトな葬儀社は、一社もないからです。

私が「ここは最高レベルの対応だ」と思っている葬儀社がいくつかありますが、そこだって合う人・合わない人が必ずいます。葬儀担当者も、私が「この人には安心してご相談者を任せられる」と思えるような人でも、やっぱり相性の善し悪しがあるのです。「俺について来い」タイプのぐいぐい引っ張ってくれる、頼れる担当者が合う人もいれば、「一から一緒に決めていきましょう」と、寄り添うタイプの担当者が合う人もいます。逆に、「俺について来い」タイプが、強引に押し売りされたような気分になる人もいれば、「一緒に決めましょう」タイプを、頼りなくて心配だと思う人もいるのです。

極端なことをいえば、誰かが最高だと思った葬儀社でも、あなたにとっては最低と感じてしまうのかもしれないのです。

そもそも、お金を使う「消費活動」として見れば、決してお葬式だけが特別なものではありません。葬儀社はお客様がいなければ成り立たない「サービス業」ですし、お葬式は「200万円のサービスを購入すること」なのですから。こう考えてみると、どんなにお金持ちだったとしても、行き当たりばったりで業者を決めるのって、おかしいと思いませんか？

だから、あなたに合った葬儀社を、そしてお葬式の内容を細かく相談する担当者を「事前に」「選ぶ」必要があるのです。

たとえば家のリフォームだったら、施工内容や、担当者の雰囲気、費用などを、何社も見積りを取って検討するのが当り前ですよね。そうしないと心配ですから。お葬式だって同じなのです。

確かに「今からそんなことを考えるなんて……」という、タブー意識が根強くあるのも事実ですが、

そのまま何の準備もしないでいたとしたら、あなたを見送る家族に、必要以上の費用がかかったり、葬儀社の対応に納得がいかないなどの、後悔を残してしまう可能性が大いにあるということを思えば、葬儀社は複数社を比較・検討して、しっかり選んでおくべきなのです。

葬儀社の選び方

葬儀社を選ぶには、まず、電話帳やインターネット検索などで、葬儀社をいくつかピックアップして、良さそうなところに直接問い合わせてみることから始まります。

あなたが密葬を希望しているならば、「密葬」や「家族葬」というキーワードが入っている葬儀社が候補に上がります。

私のところに訪れるご相談者の中には「葬儀社に直接問い合わせるのは、やっぱり怖い」と思っている方もいらっしゃいます。どのへんが怖いのかを掘り下げて聞いてみると、知識がないから丸め込まれそうだとか、葬儀社に対する悪いイメージから、いろいろな想像が膨らんでしまっているようなのです。

でも、見積りを依頼するにしても、内容を聞くにしても、葬儀社へのコンタクトは必要なわけで、上手に問い合わせするコツを知っていれば何も怖いことはないですし、葬儀社があなたを取って食うわけじゃありません。気楽な気持ちで問い合わせをしていくうちに、素晴らしい対応をしてくれる葬儀社との出合いがきっとあります。そうやって、あなたが「ここはいいな！」と思えた葬儀社だけに、詳しく話を聞き、見積りをもらえばいいのです。

というわけで、葬儀社へ問い合わせをする時にどう言えば間違いがないのか、普段私がとっている方法をご紹介しましょう。

私はインターネットのＨＰ（ホームページ）にお問い合わせフォームがある場合でも、必ず電話をかけるようにしています。その方が葬儀社の対応がよく分かるからです。電話の対応が悪い葬儀社で、実際会ってみたら実は良かったなんていうケースはまずありません。（逆は結構ありますが……）

まず、問い合わせる時の5つのポイントです。

①事前の準備であり、葬儀の依頼ではないことを伝える。

②口頭の説明だけではなく、必ず見積りを出してもらう。

③葬儀社からの連絡方法・見積りの発送方法などを指定する。

④あなた主導で話す。

⑤個人情報（氏名や住所、電話番号など）は、葬儀社の対応に納得し、見積りを出してもらうと決めた後で伝える。

この5つのポイントをしっかり確認したら、あなたの要望（規模、形式、場所、内容）をまとめた紙を見ながら、電話をかけます。そして、以下の通りに言ってみて下さい。

「自分のお葬式を決めておきたいのですが、葬儀の見積りを出していただけませんか？」

もしここで、最初から個人情報の開示を求められたり、話を聞かないうちから質問攻めにあうようでしたら、その後の話が通じるとは思えませんので「よく考えてからまた電話します」とでも言って電話を切ってしまいましょう。葬儀社はたくさんあるのですから、次へチェンジです。

対応が良ければ次にまとめた要望を伝えましょう。
①「規模は50名くらいで、そのうち親族は15名くらいです」
②「仏式で、菩提寺はあります」
③－１「安置は自宅以外の場所です」
③－２「きれいな式場を使いたいので、どこか提案してほしいです」
④－１「予算はお布施を除いて１３０万円くらいと考えています」
④－２「質素だけれども、温かい雰囲気の式を希望しています」
①は形式、②は規模、③は安置と葬儀の場所、④は予算やこだわりです。28ページでお話しした、お葬式を考える時の要素と、あなたの要望を当てはめてみて下さい。
要望をお伝えし、質問などを投げかけてみて、その対応に納得できるようでしたら、見積りをお願いしましょう。あわせて、発送方法も郵送・メール・ＦＡＸなど、どの方法をとるのかを決めることになりますが、これはすべて個人情報ですからくれぐれも慎重に開示してください。

そして、「まだ家族には知られたくないので、そちらか

らは連絡しないで下さい。問い合わせはすべてこちらからしますので」とお願いしておけば、その後の連絡もまずないでしょう。ＦＡＸなら時間指定をしたり、郵送ならば社名のない封筒でお願いするのもよくある方法です。

要望だけではなく、されたくないことも伝えるのが、問い合わせをする時のコツです。

そして、問い合わせは「あなた主導」で進めるのが理想です。ここで、話のペースをつかむテクニックをお話ししておきましょう。それは「電話の保留」です。

「なんだか自分の要望が伝えきれていないな」と思ったら、「ちょっとお待ち下さい」と言ってすぐに電話を保留にするのです。一呼吸おいて整理してから「お待たせしました。もう一度こちらの要望を言いますね」と言って自分の話に戻せば、落ち着いて要望を伝えられます。

何よりも大切なのは、あなたの要望をしっかり把握してもらうことです。順序立ててスマートに話す必要なんてまったくありませんので、伝えたいことは何度でもしつこく念を押しましょう。良心的な葬儀社ならば、丁寧に、じっくりと話を聞いてくれますよ。

ポイントさえ押さえておけば、何も怖いことはありません。どんどん問い合わせてみましょう。

見積りを取るメリット

問い合わせで納得のいく対応をしてもらえたら、実際に見積りを取ってみることをおすすめします。「お葬式で見積りなんて……」と、気が引けてしまう方もいらっしゃるかもしれませんが、見積りを取るということは良いことずくめなのです。

私は、満足できるお葬式への一番の近道が、この見積りを取ることだと断言できます。何がそんなに良いことずくめなのか、とくにメリットを感じる5つのことをご紹介します。

▽メリット1――金額と内容の把握ができる

口頭で「大体200万円くらい」では、どんな内容かも分かりませんし、それが高いのか安いのかも判断できません。パンフレットの金額だけでは、自分のケースで実際にいくらかかるのかが分かりません。やっぱり書面で出してもらうのがいちばん正確です。

見積りを取る前は漠然としていたことでも、実際にあなたの要望に対する金額が出てくるわけですから、見積りを取るとすべてが正確に把握できます。何にどれだけかかるのかが分かると、お葬式そのものがイメージしやすいですし、分からない部分がはっきりします。その不明点を資料などを見せてもらいながら、一つずつクリアにしていけばいいのです。

▽メリット2――悪い葬儀社のあぶり出しができる

悪い葬儀社かどうかは、見積りを依頼するだけで一発で判断できます。なんだかんだ理由をつけて、結局見積りを出さないという葬儀社は結構多く、突っ込んでみると一度も見積りを出したことがないケースまであるのです。見積りが出せないということは、精算の時まで金額が分からないということです。これは怖いですよね！

▽メリット3――検討材料を持てる

見積りを取ると、あなたは一つの「基準」を持つことができます。一社の見積りを基準にして、他の葬儀社からも見積りを取ると、金額や内容などを見比べることができますよね。事前見積りはあくまでも「たたき台」で「検討材料」に過ぎないのですから、見積りを取った後で、たとえば変更したい部分など、自分の要望を確認することだって、何度でもできるのです。

▽メリット4――ゆっくり考え、交渉できる

お葬式に直面してからでは、内容をゆっくり吟味したり、交渉したりする精神状態にはありません。でも、事前の段階であれば、分からないことは調べられますし、調べても分からないことは質問して、ゆっくり理解できます。細かな内容だって、いくつかの例を出してもらいながら考えることもできます。いらないものはいらないと言い、こだわりたいものはこだわる。要はメリハリ。そうすることが結果として、大幅な費用の軽減につながるのです。

▽メリット5――葬儀社に気合いが入る

これは、ある葬儀社さんから直接言われたことです。

「今は事前見積りを取る人が少ないので、たまに事前見積りを取ったお客様だと、ぶっつけ本番のお客様よりもやっぱり気合いが入ります。葬儀をしっかり考えていると感じますから、それに応えなければ！　と思うのです」

本当はお客様に差なんてつけてはいけないのでしょうが、これが、とても正直な気持ちだと思いませんか？　これって、隠れた大きな効果ですよね。同じお金を払うのですから、どうせなら、気合いを入れてもらいたいですもの。

いかがですか。実際に見積りをもらってみると、事前見積りのメリットがどれだけ絶大か、きっと

驚いてしまうと思います。今は葬儀社にも事前見積りにきちんと対応するところが増えていますし、もちろん無料です。最終的な依頼ではないのですから、試しにどんなものか見てみようという気持ちでいいのです。遠慮せずにどんどん見積ってもらいましょう。

見積りを取ってみようかと思ったあなたに、「絶対に料金トラブルにあわない魔法の言葉」をプレゼント。

「飲食や返礼品などの実費も含んだ、これ以上かからない内容の見積りを出してください」

この言葉で見積りを依頼すれば、「最初に言われた金額と請求額が違う」ということも避けられますし、何よりも、実費も含めて見積もってくれる葬儀社さんならば、料金が明朗だと思って大丈夫。あとは対応の善し悪しを判断するだけです。

見積りの読み方

「葬儀社から見積りをとったはいいけど、見慣れない項目ばかりで読み方が分からない――」。これではせっかくの見積りも意味がありません。「見積りを読む」というのは、葬儀社の提案があなたの要望と合っているのかをチェックする作業ですから、「もらって終わり」では片手落ちです。

でも、ご心配なく。一見、難しそうに見える葬儀見積りも、ちょっとしたコツを知るだけでちゃんと読めるようになります。そしてある程度見積りが読めるようになると、葬儀社がどんな内容のお葬式を提案しているのかが分かるようになりますし、後で追加費用にビックリしたなんていうトラブルも防ぐことができます。

それではポイントを6つご紹介しますので、葬儀見積りを読み解いていきましょう。

▽ポイントその1――「葬儀一式」または「セット」の内容

祭壇・棺・看板・人件費・受付設備・遺影写真・お供え物・ドライアイスなど、「葬儀一式の中に何が入っていて、何が入っていないのか」をチェック。オプションが設定してある場合は、欲しいものがあるかを確認して、計算に入れておきましょう。写真のカラー加工、花束、花飾りなどがオプションに入っている場合もあります。

▽ポイントその2――人件費

お葬式がすべて終わってから「サービス料」を取られたというケースもありますので、人件費には注意しましょう。項目名としては「司会進行」「設営費」「火葬場随行」「プロデュース費」「式典係員」「手続き代行」「企画施行費」「案内係」などなど、葬儀社によって名称は様々です。葬儀一式の中に人件費分が入っている場合もあり、その場合はこの項目はありません。分からない場合は「人件費やサービス料は入っていますか？」と聞いてみましょう。

▽ポイントその3――式場

葬儀社によって得意にしている式場が必ずありますから、どんな式場を提案してくれているのかを見てみましょう。式場の運営が民間か公営かによって式場使用料は大きく違いますし、自宅・式場・火葬場それぞれの距離で「移動にかかる費用」も変わります。なかには安く見せたいがために、あなたの住まいとはちがう地域の公営式場を見積りに入れてしまう葬儀社もありますので、しっかり確認してください。自社式場を持っている葬儀社の場合は、その利用料をチェックしましょう。

▽ポイントその4――ドライアイス
ここで分かるのは安置費用です。何日分で設定しているかは、葬儀社によってバラバラですので、数の項目を見て判断します。「3」と書いてあれば3日分ですし、20kgなどの単位で書いてあれば、1日10kgで計算します。

たとえば、2日分で設定された見積りだった場合、人気のある式場の場合はこれでは足りない可能性があります。どうしても混み合いますので、あと3日分くらいは見ておいた方が無難です。式場ごとの平均待ち日数は葬儀社に聞けばわかるので、不安な場合は聞いておきましょう。
▽ポイントその5――飲食費の設定人数
この飲食費というのが最も「追加請求」になりやすい項目です。気をつけてチェックしましょう。まず飲食費には「通夜料理（通夜振舞い）」「告別式料理（精進落とし）」「飲み物代金」があります。飲食費は単価×数量ですから、まず何人分で設定してあるかを見ます。参列者が通夜振舞いを受ける地域の場合は、予想参列者数の5割＋親族の人数（参列者が100名の規模で、親族が20名ならば70名分）を設定します。

また、告別式料理は、火葬後の精進落としに出席する親族の人数分です。飲み物の代金は栓を開けた分の実費ですので、一人当たり千円くらいでしょう。葬儀社が設定した内容とあなたの予想人数が合っているかをチェックすることもお忘れなく。
▽ポイントその6――返礼品の内容
返礼品には、会葬御礼品と香典返しがあります。会葬御礼品とは、参列していただいたことへのお

礼の品で、単価は5百円から千円程度、会葬礼状と一緒にお渡しします。香典返しとは、いただいたお香典へのお返しです。お香典額の1/2~1/3程度の額の品物をお返しします。

香典返しは、「当日返し」と「後返し」という二つの方法のうち、どちらの設定になっているのかを確認します。見積りに単価2~3千円で香典返しの品物が乗っている場合は、お葬式の当日にお返しする「当日返し」で、項目が見当たらなかった場合は四十九日法要に合わせて手配する「後返し」と判断できます。後返しの場合は見積りには載っていませんので、総額が低く見えますが、後日香典返しをすることは変わりませんので、その分も計算に入れておく必要があります(お香典の平均が約7千円ですから、一人当たりは3千円前後くらいです)。

以上、見積りを読み解く6つのポイントをご紹介しました。

あとはオプションの単価。あなたの希望のものがあったら、金額を聞いてみましょう。たとえば、きれいにメイクしてほしいならば5万円とか、思い出コーナーを設置したいならば3万円など、その金額を追加していきます。

見積りで一番やってはいけないことは「合計金額だけを見て納得してしまうこと」です。見積り段階での合計金額というのはただの仮定ですから、最終の結果ではありません。見積りの段階では「項目ごとの内容」を見るようにしてください。内容を項目ごとに見ていくことで、「自分の要望に合っているだろうか」と、照らし合わせながら読み解いていけますし、総額に惑わされることなく、複数社の見積りを見比べることができるのです。

そして、見積りというのは「これで決まり」というものではなく、あくまでも葬儀社からの提案の一例です。もし新たな要望が出てきた時には、何度でも繰り返し見積り依頼をすればいいのです。繰り返すことでイメージがはっきりとし、理解も深まると思いますよ。なかには10社以上の見積りを取る方もいらっしゃいますし、同じ葬儀社から6回見積りを取った方もいるのです。

「良い葬儀社」「悪い葬儀社」

多くの方が、葬儀社とは一生のうちに1回、多くても2～3回しか関わらないのではないでしょうか。でも、どうせだったら、やり直しのできないお葬式という大切なセレモニーを任せるのですから、「良い葬儀社」にお願いしたいですよね。でも、予備知識もなく、いきなり葬儀社と話すことになったとしたら、多少横柄な態度を取られても「こんなものか」と、変な納得をしてしまい、ちょっと探せば親身になってくれる葬儀社がいるにもかかわらず、そのことに気づかずに終わってしまう可能性もあるのです。

葬儀社を選ぶには、相性が大切だと書きましたが、それ以前に良い葬儀社と悪い葬儀社があるのは事実です。葬儀社はサービス業ですから、サービスに良い・悪いがあったり、その質と価格が見合っていなかったりという部分が「良い・悪い」を左右します。

身近な例で、あなたが温泉旅館に行ったとしましょう。1泊1万円の旅館が温泉も料理もなかなかのもので、仲居さんも親切だったら「この旅館は当たりだな」と思うでしょうし、反対に、温泉にはゴミが浮き、料理も低レベル、仲居さんもつっけんどんで、泊めてやっているという対応をされたらどうですか？　「もう二度と来るか！」ということになりますよね。

葬儀社も同じ。仮にお葬式に200万円かかったとして、同じ200万円でも、質が良く納得のいく内容ならば、「ここに頼んでよかった」と思い、心からありがとうと言えるでしょうし、満足できない対応ならば「こんなに高いお金を払ったのに」と、不満ばかりになってしまいます。葬儀社の中には「人の嫌がる仕事をしてやっている」という、意識の遅れた人もいるのです。

ズバリ言いましょう。葬儀社の良し悪しとは、「人の良し悪し」です。

「良い葬儀社」とは、あなたの話をしっかり聞き、心をこめて対応してくれて、プロとして最適なアドバイスをしてくれる担当者のいる葬儀社のことで、反対に「悪い葬儀社」とは、あなたの都合は関係なく、自社のお葬式を押し付ける担当者のいる葬儀社のことです。

「悪い葬儀社＝悪徳葬儀社」という意味ではありません。悪徳葬儀社とは、お客さまを詐欺にかけるような仕事をする葬儀社のことで、ビジネスホテルの料金と見せかけて、チェックアウトの時に一流ホテルの料金を請求するようなところです。そういうところは、見積りなんて出しませんし、出したとしても総額記載ではありません。なにより対応が横柄という特徴がありますから、ちょっと気をつけていれば引っかかりません。事前の見積りを取って、しっかり検討すればふるいがけできるのです。

ここで、「対応の良し悪しは分かったけれど、費用はどうなの？」と言う、あなたの声が聞こえてきそうですが、お葬式にかける費用を決めるのは、葬儀社ではなくあなた自身です。費用のかかり方の項でお話しした内容を参考に、あなたがお葬式にかける予算の上限を決めていれば、良い葬儀社はその中でできる提案をしてくれますし、逆に悪い葬儀社はもっともっと高くしようとしてきます。葬儀社主導ではなく、あなた主導でいれば、おのずと予算内で良い葬儀社にめぐり合うことができるのです。

次の項でご紹介する「良い葬儀社を見分けるチェックポイント」を参考にすれば、一定のレベルはクリアしていますので、あとはあなたとの相性しだいです。あなたに合った、良心的な葬儀社を探しましょう。

●よい葬儀社を見分ける10のチェックポイント

▼チェック1――実際に店舗がある。　□（5点）
葬祭業は認可制ではないため、実体のないブローカーのような葬儀社が横行しています。そういうところは手数料だけとって、他の葬儀社に丸投げ。投げられた方も他から回ってきた仕事なうえ紹介料まで払うのですから、良い対応は望めません。店舗や事務所が実在しているかどうかをしっかりと確認しましょう。

▼チェック2――HP（ホームページ）に力を入れている。　□（2点）
HPに力を入れている葬儀社は、価格やサービスの透明化に前向きに取り組んでいる傾向があります。今はHPで価格の目安やその会社の雰囲気を調べてから初めて問い合わせをするのが一般的となってきています。そんな消費者のライフスタイルに合わせて「知ってもらおう」と努力するのが企業の自然な姿だとすれば、HPを持っている葬儀社の方が信頼度も高いといえるでしょう。ただし、見映えのいいHPがあるだけで情報が乏しい葬儀社は避けた方が無難です。

▼チェック3――友の会などのしつこい営業がない。　□（2点）
5千円～1万円程度の入会金を払って友の会に入っておくと、値引きなどの様々なサービスが受け

られることがあります。しかし、友の会とは結局のところ「見込み客の囲い込み戦術」です。こちらが望まない営業をしつこくしてくる葬儀社は避けましょう。

▼チェック4――見積り、契約書を快く出してくれる。 □（5点）

葬儀に見積りが出るのは、今や当たり前のことです。しかし、公取委の調査では35・8％の施主が見積りを受け取れなかったといいます。具体的な金額も分からず、口約束で数百万円の依頼ができるようなお金持ちであれば話は別ですが、一般家庭相手にそんな契約を迫る業者は危険なのではないでしょうか。

▼チェック5――見積りの内訳に葬儀一式のほか、実費の金額が入っている。 □（3点）

葬儀を依頼する際に大切なのは、葬儀の総額がいくらになるかを把握することです。葬儀一式の内容しか書いていない見積りでは、あなたの家計からいくら出て行くのかが分かりません。葬儀一式以外に、飲食や返礼品などの実費費用の金額も入っているかを確認しましょう。

▼チェック6――担当者の説明が分かりやすく、まずこちらの話を聞いてくれる。 □（3点）

良い担当者は、私たちにも分かる言葉で、こちらの理解度に合わせて説明してくれるものです。そして何より、自分が話すことよりも先に依頼者の話をじっくり聞こうとします。逆に打ち合わせを急いだり、専門用語を多用したりして説明が良く分からないような担当者は、実際の仕事も期待できません。

▼チェック7――祭壇や棺を半額にするなど、大幅な値引きをしない。 □（2点）

祭壇や棺には定価がありません。いわば業者の言い値価格です。もとの金額がないものを半額にするということは、単なる二重価格。値引き前の金額に根拠がないのですから、値引き後の価格の方が適正である可能性が高いのです。大幅な値引きとは、あなただけが得をしているのではなく、単なる錯覚だと思ってください。

▼チェック8――公営式場や集会所、自宅での葬儀も快く相談にのってくれる。□（2点）

自社で葬儀会館を持っている葬儀社は、自社を使いたがる傾向にありますが、それはそれ。選択肢を知らせず、自社会館ありきでどんどん話を進めてしまうのは考えものです。そんな時は公営の施設を利用することに対する対応をチェックすると、お客様の要望に沿おうという姿勢が判断できます。

▼チェック9――密葬など小さな葬儀を積極的に受けている。□（2点）

葬儀社には大きな葬儀が得意なところと、小さな葬儀が得意なところがありますが、小さな葬儀は儲からないとばかりに心ない対応をする葬儀社は論外。あなたが小さな規模のお葬式を希望している場合は、消費者のニーズを敏感に感じ、広告やＨＰなどで積極的に密葬や家族葬を紹介している葬儀社の方が安心です。

▼チェック10——区民葬や市民葬など公共で定められた葬儀を取り扱かっている。□（1点）

多くの自治体が、低所得者用に必要最低限の安価な葬儀を、地域の葬儀組合と協力して定めています。そういった葬儀を取り扱う葬儀社なら、儲からない葬儀だといって小さな葬儀を他社へ丸投げする心配は少ないですし、区民葬以外にも安価なプランを用意していることもあります。

☆採点

21点以上——「合格」まずは安心して大丈夫でしょう。事前に相談しておきましょう。

16〜20点——「普通」1番と4番にチェックがあれば、合い見積りの一社に加えても良いでしょう。

15点以下——「論外」検討する理由が見つかりません。他を探しましょう。

あなたは選べます。お葬式をするか、しないか

あなたは「お葬式はしなければならないもの」だと思っていませんか？

いいえ。そんなことは誰も決めていません。法律で決まっているのは「死後24時間は火葬してはいけない」ということだけです。お葬式はどういうふうにしても自由ですし、お葬式をするか・しないかということまでも、あなたは選ぶことができるのです。

実際、都市部を中心に「火葬だけをする」という方が増え、「火葬式」「直葬（じきそう・ちょくそう）」とも呼ばれています。以前はあまり見かけませんでしたが、ここ数年、目立つようになりましたし、私のところへも火葬のみについての質問が増えてきています。

たとえば、ご本人が「お葬式はしないでくれ」と望んだ場合や、子どものいる東京へ田舎から引っ

越してきていたなど、住んでいる場所以外に故郷がある場合。また、医療費がかかりすぎてしまい、お葬式を出すまでの費用が用意できない場合など。私が接してきた中でも、様々な理由がありましたが、「お葬式を行わず、火葬だけ」を選択する方が、これまでにも大勢いらっしゃいましたし、今後さらに増えていくでしょう。

火葬だけなので祭壇も飾らず、参列者もいませんから、返礼品や飲食の準備もいりません。しかし、火葬のみでも全部自分で用意することはできませんので、葬儀社の手伝いが必要です。そうはいっても、必要最低限のものだけの用意ですので、費用負担は大きく抑えることができます。

火葬のみをする場合の一般的な流れ

病院などで死亡
↓
ご遺体の搬送・安置
↓
葬儀社決定・打ち合わせ
↓
火葬場の予約（日程決定）
↓
納　棺　※死亡当日の場合も有

火葬当日

火葬場へ移動
↓
火葬・お骨上げ・帰宅

もっともシンプルな内容にしたとして、葬儀社さんにお手伝いしてもらうのは、搬送・安置、ご遺体の保全処置、火葬場の予約、棺や骨壷の用意、火葬場での案内というのが基本で、その費用は15〜20万円前後＋火葬場の費用（民営➡5万円前後、公営➡無料〜5万円前後）です。

これに加えて、あなたの希望に応じ遺影写真や位牌、お別れの際の花束、お骨を安置する後飾り壇などの、内容と費用を付け足していくのです。その場合の費用は、総額で30〜40万円前後を目安にしましょう。もちろん、自分で用意できるものは自分で用意しても構いませんし、葬儀社に手配してもらいたいものがあれば、なんでも用意してもらえます。予算の範囲で、必要なものだけをお願いすることができるのが、火葬のみを行う場合の一番の特徴なのです。

〝火葬のみ〟と聞いてしまうと、どんなものかをよく知らない方は、まるで「遺体処理」のような印象を持たれることもあるのですが、お別れの場面を設けるなど、方法次第で心のこもったものにすることができますし、通夜・告別式を行わない分、遺族のペースでお別れができるというメリットもあります。

お別れの場面を設ける場合は、納棺の際に家族で思い思いの愛用品を入れてあげたり、近所の花屋さんで花を買ってきて献花をしたり、火葬の前日に故人の好物を作って皆で食事をしたりと、自由に計画することができます。僧侶に読経してもらうこともできるのです。

お別れの場面を設ける場合、「家族葬」との境目は、ほぼないといっても良いでしょう。

ただし、最近増えてきたとはいえ、まだまだ一般的ではありませんから、あなたの家族が「常識がない」などと矢面に立たされてしまうことだけは、避けなければなりません。そのためには、「あなた自身がしっかりと意思表示をする」ということがもっとも大切です。

お葬式の落とし穴　～トラブルと注意点～

ではこの章のまとめとして、お葬式でトラブルに合われた方々の体験談から、〃お葬式での注意点〃を再度確認しておきましょう。

●落とし穴その１――広告金額に騙された!?

木口さんのお父様は入院生活が長く、医療費が相当かかってしまったため、お葬式にかける費用が残りそうもありませんでした。そんなある日のこと、折り込みチラシで「葬儀一式35万円！」と書いてあるのを見つけ「35万円だったら何とかなるぞ」と思った木口さんは、その葬儀社に電話をかけて聞いてみたのです。

「チラシを見たのですが、葬儀が35万円というのは本当ですか？」

「ええ、うちは最低限それでやっていますよ」と葬儀社。

木口さんは安心し、お父様が他界された際には、その広告のプランでお願いすることにしました。

あわただしく過ぎた葬儀の２日間が終わって、ひと安心したのも束の間、葬儀社から「このたびはお疲れ様でした」と出された請求書を見てビックリ仰天！　なんと

100万円をゆうに越えていたのです。驚いた木口さんが「35万円のはずだったのでは?」と問いただすと、葬儀社からは「それは葬儀本体のことで、他の費用がかかるのは当然でしょう。それでもウチは安い方ですよ」と、開き直られてしまいました。

ここでもめてしまうと、亡くなったお父さんにも悪いような気がして、言われるままの金額を借金して支払いましたが、なんだか騙されたような後味の悪い気分が残ってしまったそうです。

木口さんは私に出会いこの話をするまでは、なぜそんな金額になったかも分からないままで、「総額で100万円強だったのなら、確かに安いほうですよ」と、お伝えしたところ、とてもビックリされていました。

「葬儀一式」という言葉の意味が、木口さんにとっては「葬儀に必要なすべて」。葬儀社にとっては「葬儀本体という一部分だけ」。この大きなギャップが、木口さんが陥ってしまった落とし穴の原因だったのです。このようなトラブルが増えている今、消費者側もこのギャップの存在を知り、自己防衛する必要があるのです。

多くの葬儀社は、「騙そう」と思ってそんな広告を打ってはいません。やっかいなのは、「葬儀一式とは、葬儀本体の部分だけ」というのが、葬儀業界の「常識」になってしまっているために、このギャップにすら気付いていない葬儀社も多いということ。そして、常識だから説明しなくてもおかしいと思わないことなのです。

でもね、豆粒みたいな小さな文字で「実費が別途必要です」なんて書いてあっても、100倍大きい文字で「35万円!」って書いてあれば、多くの人は見落としてしまう。これでは意味がないでしょう？　それに万が一見落とさなかったとしても、まさか100万円以上も請求されるとは思わないでしょう？

なかには「実費分は数量が分からないので金額が出ません」などと、もっともらしい言い訳をする葬儀社も見かけますが、そんなのは仮定の数量で見積もればいいだけの話。知識のない消費者に対して、まるですべてが入っているような見せ方をした紛らわしい広告を打つなんて、ずるいやり方です。「実費も含めた総額を書いてしまったら、高く思われてしまう」って言う葬儀社もいますが、実際にその金額が発生するのだから、「高く思われてしまう」っていうのは、おかしくないですか？　以前、「自分は葬儀社だが、おかしいとは思わない」と抗議されたことがありますが、どこかネジがはずれているとしか思えません。

このトラブルを防止するためのヒント

・広告の「葬儀一式○○万円」の一式という言葉の意味が、私たちと葬儀社では違う。「葬儀一式」以内で収まることはまずないということを知る。

・葬儀の「実費費用」の存在を知り、「お葬式にかかる費用の総額」を考えるようにする。

●落とし穴その2――仕事を選ぶ葬儀社

永井さんのご主人が亡くなった時、お葬式をするまでのお金は手元にありませんでした。入院の費用で精一杯だったのです。ご主人には申し訳ないと思いつつ、「今はこれしかできないけれど、余裕が出たらしっかり供養してあげよう」と、ひとまず「火葬だけ」をすることにしました。

看護師長さんから「どちらか葬儀社はご存知ですか？」と聞かれましたがあてもなく、火葬だけならどこに頼んでも同じだと思い、病院の出入り葬儀社に任せることにしました。

自宅へ向かう搬送車の中で、「費用はどれくらいかかりますか？」と聞いたところ、葬儀社は大切なご主人を亡くしたばかりの永井さんに向かって「焼くだけだったら、30万くらいかね。本当に祭壇はいらないの？　普段はこんなの請けないんだけど、病院からだからなぁ」などと言い、まともに答えてもくれません。さらに驚いたことにその葬儀社は、自宅でも細かな打ち合わせや説明を一切行わず、「明日また来るから」とだけ言って、さっさと帰ってしまったのです。

亡くなったご主人とふたりだけで家に残され、これからどうすればいいのか、いつ火葬になるのか、いくらかかるのかも分からないという、たいそう不安な状態だったのですが、永井さんは「お金にならない仕事を頼むのだから……」と思い、何も言えなかったそうです。

私がこの話を聞いた時、その葬儀社の名前に驚きました。その地域で歴史もあり、大きなお葬式をお願いしたらしっかり仕事をするという、評判の良い葬儀社だったのです。でも、ここは「火葬だけ・密葬・家族葬」というような〝小さなお葬式〟をやりたがらない葬儀社だったのです。

あなたがこの永井さんだったら、こんな葬儀社に依頼したいと思いますか？　怒って断るのが普通ですよね。でも、家族が亡くなったという「非日常の状況」では、必要以上に萎縮してしまい、理不尽な対応も我慢してしまうことが、ままあるのです。

でも、ちょっと考えてみてください。お金がないことは「悪いこと」ですか？　悪いことではありませんよね。生活が苦しいのも、医療費がかかってしまったのも、彼女のせいではありません。では、小さなお葬式は、葬儀社さんに対して「申し訳ないこと」ですか？　とんでもない。小さなお葬式、もちろん火葬だけでも、葬儀社にはちゃんと利益が出るのですから、変な遠慮はいらないのです。良い対応をしてくれたら「ありがとう」と言う。それが本質なのですから。

永井さんは大きな勘違いをしてしまったのです。いくらお葬式をしないからといって、どの葬儀社も同じなわけがありません。ましてや「火葬だけ」というシンプルな形であればあるほど、葬儀社の「対応の善し悪し」が浮き彫りになるのです。病院で初めて会った葬儀社に、そのまま全部お任せしたのは、残念ながら少し乱暴な選択でした。一言、「火葬だけ行いたいので、見積りをお願いします」と伝え、対応を見れば一目瞭然だったでしょう。

ここでガッカリするような葬儀社は、故人の顔が「お金」に見えている葬儀社ですから、他をあたればよいだけのこと。逆に、親切に説明をしてくれる葬儀社だったら、親身になってくれますし、終了後もなにかと相談にのってくれますので、安心してお任せできるのです。

約半年後、永井さんは親戚や友人を集め、お別れ会を開きました。十分に時間をかけて葬儀社を選べたおかげで、後悔のない、納得がいくお別れをすることができたそうです。

永井さんのケースが教えてくれるのは、葬儀社の対応を知る前に依頼を決めてしまうのはとても危険だということ。不安に思うような対応をされた時には、必ず質問をして、その答えに納得できない時は勇気をもっていったんストップさせましょう。葬儀社はたくさんあるのですから、対応に疑問がある葬儀社には頼まない。これを徹底するのです。

今の時代の流れは、ずばり「密葬・家族葬」です。そんな時に、大きなお葬式だけに一生懸命な葬儀社になど、いったい誰が依頼するのでしょうか。それも分からず、小さい仕事だからといって心ない対応をする葬儀社なんて、早々に淘汰されていくでしょう。

お葬式の大小は、故人を思う気持ちの大きさには関係ないのですから。

このトラブルを防止するためのヒント

・葬儀社に話も聞かないうちからすべてを「お任せ」にしない。
・小さな葬儀だというのを伝えてからの反応を見て葬儀社を「選ぶ」。

●落とし穴その3——密葬の失敗

お母様本人の希望を叶える形で、家族だけで質素に無宗教の家族葬を済ませた田中さんと弟さん。お葬式が終わって、お世話になった方々や親戚に、無事に見送ったお知らせを送り、やっと一息ついたと思っていたら、大変なことになりました。

翌日から、ご近所や生前のお友達がひっきりなしにお香典を持って弔問に訪れるのです。弔問に来られても、家族葬だった田中さんは、香典返しの品など用意していませんでした。

急いで葬儀社へ電話をしてお茶のセットを持ってきてもらい、その場はことなきを得ましたが、弔問客への対応でちっとも気が休まりません。外出の予定も立てられず、家事も滞ってしまいもうヘトヘト。それが毎日続きました。しかし、この災難の本番はここからだったのです。

次の日曜日、田舎の親戚一同がものすごい剣幕で怒鳴り込んできました。

「お前たちは何を考えているんだ！」

「勝手に荼毘に付すなんてとんでもないことを！」

「無宗教だなんて、ご住職に失礼なことをして！」

と怒鳴られ、「お母さん本人の希望だったのよ」と言っても聞く耳を持ちません。一日中怒られ、後日、田舎のお寺でお葬式をする約束をさせられました。お葬式の費用だけではなく、戒名もいただかなくてはなりませんし、納骨の費用もかかります。もちろん旅費や滞在費も（怒っている親戚の家になんて泊まりたくないですものね）。田中さんにしてみれば、思わぬ出費の連続でした。

最近、ニーズが高まっている「密葬・家族葬」ですが、密葬ゆえのトラブルの多くは、このような「お葬式を知らされなかった方々」にまつわるもの。

本来、「密葬」というのは、対外的なお別れをする「本葬」とセットになっているものでしたから、こんなトラブルは起きませんでした。しかし、今の密葬とは、密葬だけしか行わないことが多いため、お別れできなかった方々からのクレーム・トラブルが起きてしまうのです。

この田中さんのケース、お葬式自体はお母様の希望通りに実現しています。ただひとつ足りなかったこと、それは「周りの方々への配慮」でした。

とくに叔父さんや叔母さんといった親戚の方々は、子どもの頃はひとつ屋根の下に住む家族だったのですから、それぞれの方が特別な想いを持っているのです。亡くなった事実さえお知らせしなかったのは、ちょっと思慮不足でした。

一番望ましいのは、家族葬を希望したお母様本人が、お正月や法事の際など親戚が集まる席で「私が死んだら家族だけでお葬式してもらうからね。あの子たちにもちゃんと言ってあるから」と、生前からご親戚に言って回っておいてくれることです。そうすれば、お子さんたちがこんな目にあうこともなかったでしょう。

生前の根回しがなかった場合は、亡くなったことをお電話でお知らせし、「母本人のたっての希望で、このたびは家族葬ということにしますが、後日しっかりと席を設けますので、その時にお越しいただけますか？」と「キッパリ意向を伝えながらもお伺いをたてる」という方法がおすすめです。または「家族葬を終えた後、四十九日法要で手厚く供養いたしますので、その際はぜひともお越しいただけませんか？」という方法でもいいでしょう。たいていこれで丸く納まりますし、それでも駆けつけたいというのであれば、気持ちよく迎えてあげましょう。

以後、何年もイヤミを言われ続けるよりもずっと良いのではないでしょうか。

密葬・家族葬を行う場合のトラブル対策として、後日、偲ぶ会（お別れ会）を開くことは大変有効です。こうすることで、田中さんが経験したような弔問客の対応に追われることもありません。出席を取ったうえで行う偲ぶ会は、祭壇を飾る必要もなく、余分な料理等もいりませんので、本葬をするよりも費用を抑えることができますし、会費制にすれば予算も立てやすいのです。また、時間に余裕があるので送る側も気持ちの整理がつけられ、精神的にも楽なことが特徴です。

体外的な告知はせずに、身内だけで温かく見送ってあげる。それはとても良い形だと思いますし、今の時代のニーズにもしっくりきます。今後も、どんどん広がっていくでしょう。しかし、まだまだ過渡期。地方では「密葬・家族葬」はあくまでも〝変化球〟であって、必ずしも周りから歓迎されることではないのです。

「ウチは密葬でいいわ」と思っている方々の多くは、故人の希望や自分たちの考え方だけを尊重していればいいと思いがちですが、それでは密葬を成功させることはできません。故人の生前の交友関係の広さや、社会参加の程度にもよりますが、「最後のお別れがしたい」と思っている方々への配慮を忘れてはいけないのです。

故人はこれからその方々の思い出の中で生きていくのですから。

このトラブルを防止するためのヒント
・後日、偲ぶ会などを開き、お葬式に参加しない方々への配慮を忘れない。
・生前に根回しをしておく。

お葬式の費用は、あなたの要望や選択する内容、そしてお願いする葬儀社によっても、大きく額が変わります。私が常々「お葬式の打ち合わせで一番言ってはいけない言葉」と紹介している「分からないのでお任せします」や「普通でお願いします」が招くのは、「予算オーバー」という残念な結果かもしれないのです。

葬儀総額の比較と平均価格帯

＜設定＞　参列者➡100名（内、親戚20名／一般80名）　東京都内での葬儀
「派手にせず、質素に」と依頼したAさん➡火葬場併設の公営施設を使用
「恥ずかしくないよう、普通で」と依頼したBさん➡式場、火葬場ともに民間施設を利用

	項目	Aさん		Bさん		100人規模の平均価格帯	備考
葬儀費用	祭壇	花祭壇 供花20基分組み込み	80万円 ▲30万円	花祭壇 相殺なし	100万円	50～120万円	供花を組み込めば、花祭壇の費用を安くできるが、対応しない葬儀社もあるため要確認。
	棺	桐の合板製	8万円	布張り棺	15万円	桐の合板（桐八）5～8万円、布張り棺7～15万円	彫刻棺やベルベット張りなどの高級棺は20～50万円くらいが相場。
	搬送	10km	3万円	10km	3万円	10kmで2～5万円・夜間は割り増し	搬送の人件費含む。
	安置費用	公営式場安置3日	1万円	自宅安置3日	3万円	自宅安置 8千～1万円／1泊 ドライアイス10kg使用・処置料込み	式場安置 公営1千～3千円、民間7千～1万円／1泊（保冷庫）。
	骨壺	白い骨壺	1万円	高級骨壺	5万円	1～5万円	
	人件費	祭壇料に含む	0円	別途必要	10万円	祭壇費用に含まれていない場合は、一人当たり2万円程度	祭壇が同額でも、人件費や設営費などが別途の場合は注意。
葬儀費用計			63万円		136万円		

実費費用						
式場	公営	5万円	民営	35万円	公営5～10万円 民営20～40万円	貸し式場利用
火葬	公営・ランクなし	2万円	民営・特別室	10万円	公営0～2万円 民営5～17万円	
火葬場待合室		2万円		2万円		
霊柩車	使用ナシ	0円	洋型高級車	10万円	10km 3～5万円（普通車）	式場・火葬場の併設施設を利用する場合は必要なし。
マイクロバス	使用ナシ	0円	24人乗り使用	3万円	3～4万円	
通夜振舞い	70人前	17万円	100人前	35万円	15～35万円	通常、親族分＋会葬者数の50％で足りるが、葬儀社によっては人数分たのみ、余らせることがある。参列者が通夜振舞いを取らない地域は親族分のみでよい。
飲み物		3万円		3万円		お茶や酒など、栓を開けた分だけ精算。
会葬御礼品	単価8百円	8万円	単価千円	10万円	5百～千円	
香典返し（即返し）	単価2千円	20万円	単価3千円	30万円	即日返しの場合、2千～3千円	後で御香典額の1／2程度になるように調整する。四十九日法要に合わせて香典返しをする場合、この項目は不要。
精進落とし	単価3千5百円×20	7万円	単価4千5百円×20	9万円	一人あたり3千～5千円のお膳	精進落としの参加人数分
心付け	一部あり	1万円	あり	4万円	各3千～5千円	霊柩車などの運転手、配膳、民間の火葬場職員への心付け。公共施設を使う場合は必要なし。
実費費用計		65万円		151万円		
お布施	菩提寺（信士戒名）	42万円	菩提寺（信士戒名）	42万円	40～50万円	内、御車代として2万円
総額		170万円		329万円	東京都平均 約346万円	全国平均　約231万円

前のページでは、「派手にはせず、質素に」と希望されたご家族と、「恥ずかしくないよう、普通で」と希望されたご家族、それぞれにかかった費用の比較と、100人規模で行った場合の平均価格帯を表にしてご紹介しますので、あなたが考え、選ぶお葬式がどちらに当てはまりそうか、また、その金額で納得できそうかを、ぜひご自身に置き換えながらご覧ください。

第2章
あなたが亡くなった時の流れ

臨終からお葬式が終わるまで

ここで、臨終からお葬式が終わるまで、どのようなことを決めて、誰が何を手配しなければならないのかをご紹介します。（◎は事前準備できる項目です）※関東で一般的とされる流れです。

臨終

危篤時には、家族や会わせたい人に連絡します。近親者以外には、お葬式の日程が決まってから連絡しましょう。臨終から退院までは約1時間程度かかります。

〈家族がすること〉

◎搬送先を決める（自宅以外の場合、火葬場の安置施設など）。

◎搬送業者を決める（事前に葬儀社を決めていた場合は、迎えに来てもらう）。

・医師から死亡診断書を受け取り、退院手続きをする。

・事前に決めていなかった場合は搬送の葬儀社に「まだ葬儀の依頼を決めたわけではない」と伝える。

〈葬儀社がすること〉

・搬送先を確認し、搬送車の手配・お迎え。

搬送・安置

搬送とは、ご遺体を移動することで、安置とはご遺体を静かに寝かせてあげることです。

〈家族がすること〉

・自宅安置の場合、自宅の片付け（安置と、弔問客が来た時のスペースをつくる）。
・自宅安置の場合、故人用の布団を用意し、北枕にして安置する（ドライアイスで湿るため、以後使わない物）。
・末期の水の儀式を行い、線香を手向ける。
・臨終に立ち会えなかった家族や親族などの近親者に連絡する。
・搬送・安置までの費用を精算する。

〈葬儀社がすること〉

・ドライアイスでご遺体の保全処置を行い、枕飾りを設置する。

お葬式の要望整理

この「お葬式の要望整理」をせずに、葬儀社にすべて任せてしまうと、トラブルの原因になります。家族でしっかりとお葬式に対する要望を確認して、きちんと準備してから葬儀社を選びましょう。時間がないように思いがちですが、保全処置をしてもらっていれば、ご遺体が傷むということもなく、検討する時間は十分にあります。

〈家族がすること〉

◎喪主を決める。喪主は弔問を受ける遺族の代表で、その後、供養をしていく代表者。大規模なお葬式の場合は、葬儀委員長や世話役を立てることも。喪主が未成年などの場合は、施主や後見人を立てることもある。

◎規模（葬儀の大きさ）・形式（宗教形式）・場所（葬儀の会場）・予算（葬儀本体に実費やお布施を含めた総額）を決める。

・菩提寺に連絡し、日程の意向を伺う。

葬儀社を選ぶ

葬儀社選びは、そのお葬式の満足度を大きく左右する大切な決定事項です。価格設定や対応など、要望に合う葬儀社・合わない葬儀社がありますので、葬儀社を「選ぶ」という認識で、必ず「2社以上」に問い合わせ、しっかり選定しましょう。ここで決めた葬儀社に、あとで大きなお金を支払うということを忘れずに。

〈家族がすること〉

◎葬儀社の選定。最低2社を見比べ、内容に納得でき、良い対応で、なおかつ予算内だったところに依頼する。

☆問い合わせの際に便利な言葉

「現在、夫が亡くなり、自宅に安置されている状態です。ドライアイスの処置などは済んでいます。お葬式を依頼する葬儀社さんを検討したいので、見積りを出していただけますか？　こちらの要望は、１００名くらいの参列者で、内、親族が20名くらい。仏式で菩提寺はあります。返礼品や飲食などの実費など、すべての費用を含めて見積もってください」

〈葬儀社がすること〉

・見積書を作成し内容を説明する。

葬儀社との打ち合わせ

出してもらった見積書をもとに、内容の最終決定をします。大切なのは、分からないことをそのままにしたり、全部お任せにしないことです。あなた主導で自分の意思を伝え、分からないことはそのつど質問しましょう。

〈家族がすること〉

・葬儀社に日程の希望を伝え、候補となる式場の空き状況を確認してもらい、要望に合う式場・火葬場の予約を取ってもらう。これで、お葬式の日程と場所が決まる。菩提寺の意向の日程で式場が開いていない場合は、菩提寺と再度連絡を取る。

◎細かな内容（祭壇の飾り方、棺のランク、飲食・返礼品の種類や量、細かな段取り）を確認し、見積書にサインをして契約となる。

・日時と場所、担当葬儀社を菩提寺に連絡し、戒名や式の流れ、順序（初七日をいつ行うか）などについて打ち合わせをする。

〈葬儀社がすること〉

・式場と火葬場の空き確認・予約、遺族との打ち合わせ。

・喪家の菩提寺に連絡し、挨拶と打ち合わせ。

お葬式の準備

お通夜までの間に、訃報を通知したり、写真を選んだりと、忙しくなります。家族で手分けして準備を進めましょう。最も手間がかかり、ミスが起こりやすいのが訃報通知です。まず連絡先を紙に書き出してから、連絡もれのないように通知しましょう。準備の間、ご近所などから弔問客がやってきますので、その対応もそのつど行います。

〈家族がすること〉

・葬儀の日時と場所を書いた訃報を、関係者へ通知。お知らせする範囲を決めて、家族が手分けして連絡する。

・葬儀社の担当者へ認印を預け、役所への死亡届提出手続きを代行してもらう。

◎遺影写真の準備。その人らしい、自然な表情の写真を選ぶことが多い。3cm以上の大きさで、はっきり写ったものが良い。最近では、カラーの遺影写真が主流。

・供花・供物の確認。親族や訃報を受けた人から供花や供物の打診があったら、喪主が取りまとめ、葬儀社へ手配を依頼する。

・喪服の準備。喪服がすぐに用意できない場合は、葬儀社に貸衣装を依頼する。

◎副葬品の用意。副葬品とは、棺に入れてあげる愛用品などのこと。日記帳やお気に入りの服など、最後に持たせてあげたいものを選んでおく。金属・ガラスなどの燃えないものは避ける。

・弔辞の依頼や弔問客の対応。
・手伝いの確保。親族や友人の中から受付、会計係などの手伝いを数名確保する。

〈葬儀社にしてもらうこと〉

・死亡届と認印を預け、役所への届出と火葬許可証の受け取り。
・通夜振舞いなどの飲食、返礼品などの手配。
・葬儀に関わる人員や会場設営などの手配。
・通夜当日までの間、毎日ドライアイスでご遺体の保全処置。

通夜当日

いよいよ通夜当日です。まずはご自宅に安置されていた故人を納棺し、式場へ送り出します。遺族は遅くとも1時間前には式場へ到着するようにしましょう。式場に宿泊する場合は、その用意も忘れずに。僧侶の送迎が必要な場合は、到着時刻を逆算して出発しましょう。式場では、僧侶や集まった親戚への挨拶、受付や供花の確認、担当者との打ち合わせと、何かと忙しくなります。

〈家族がすること〉

・葬儀社が棺を用意し、納棺の儀を行う。
・通夜会場へ移動。喪服は会場で着替えることができるので楽な服装でも良い。
・僧侶の送迎。菩提寺との打ち合わせで送迎の依頼を受けた場合は送り迎えをする。到着後は祭壇を確認してもらい、僧侶を控え室まで案内し、お茶を振舞う。この時、戒名を受け取り、通夜振舞いを受けてくれるかの確認も行う。

・供花・供物の名前確認。いただいた供花札などの名前が間違えていないか確認し、並び順を指示する。
・通夜の進行や、司会の内容などを担当者と打ち合わせする。
・受付や会計係をしてくれる人に挨拶する。
・親族が到着したら、そのつど親族控え室へ案内し挨拶する。
・宿泊の確認。式場で夜間付き添い（宿泊）をする場合は、人数確認と貸布団の用意を担当者へ依頼する。

〈葬儀社にしてもらうこと〉

・納棺の準備と手伝い、および家から式場までの搬送（自宅から式場）。
・式場設営、案内板の設置、飲食や返礼品の準備。
・当日式場に泊まる場合は、貸布団の手配。

通夜開式～閉式

お通夜は、①遺族・参列者一同着席、②僧侶入場、③読経・焼香、④僧侶退場、⑤閉式　という流れが一般的です。喪主が挨拶する場合もあります。また、喪主は参列者の見送りは一切せず、どの参列者にも平等に接するのが慣わしです。

〈家族がすること〉

・遺族は開式の15分前には着席し、僧侶の入場を待つ。席順は故人との関係が近い人から、家単位で座る。
・僧侶入場の際は、起立し合掌で迎える。
・読経の途中から焼香を促されるので、喪主から関係の近い順に焼香する。
・遺族と親族の焼香が済んだら、参列者が焼香する。遺族はそのつど目礼する。参列者はそのまま式場を出て、返礼品を受け取り、通夜振舞いの席へ移動し帰宅する（参列者が通夜振舞いを受ける地域と受けない地域があります）。
・読経が終わり、僧侶が退場するのを起立し、合掌で見送る。法話をいただくこともある。
・参列者の焼香が終わったら閉式となり、通夜振舞いの席へ移動する。
・僧侶が通夜振舞いを受けない場合は、通夜振舞いの席に移動する前に控え室まで挨拶に行き、お布施を渡して明日の確認をする。

〈葬儀社にしてもらうこと〉

・司会進行、僧侶の案内、参列者の誘導など、式進行全般。
・返礼品の受け渡し。
・通夜料理、返礼品の数量の確認（必要であれば追加してもらう）。

通夜振舞い〜夜間付添い

通夜が終わった後、参列者を別室に案内して飲食を振舞うことを「通夜振舞い」といいます。故人を偲び、語りつつ会食する仏事のひとつで、故人の供養にもなるといわれています。西日本など、参列者が通夜振舞いを受けない地域では、供養の品として酒や折り詰めを持ち帰ってもらうこともあります。喪主は翌日精進落としに出席する人数の確認や拝読する弔電を選び、通夜を過ごします。

〈家族がすること〉

・通夜振舞い。手伝いの人は同席せず、別室で交代に食べてもらうのが一般的。
・精進落としの確認。通夜振舞いの途中で、翌日の精進落としに出席する人数を確認する。その人数＝お膳を用意する数なので、聞きもらしのないよう注意する。
・予定時刻が過ぎたら、喪主か親族代表が終了の挨拶をする。これをきっかけに参列者が帰り始めるが、喪主や親族は見送らないのが慣わし。
・通夜振舞いの終了後、翌日拝読する弔電や弔辞の順番を確認する。
・喪主挨拶の確認。出棺の際の挨拶の文面を考えておく。

〈葬儀社にしてもらうこと〉

・参列者の誘導。
・翌日の式次第、弔辞・弔電などの打ち合わせと確認。

葬儀・告別式当日

2日目は葬儀・告別式（式中初七日）、出棺、火葬、精進落とし、お骨迎えという順序で進みます。喪主が挨拶する場面も数回ありますので、内容を確認しておきましょう。葬儀社に基本の文章を聞くこともできるので、人前で話すのが苦手な方は相談してみましょう。

〈家族がすること〉

・遺族は開式の1時間前くらいに集合する。
・早めに喪服に着替え、参列者を迎える。和装の場合は、葬儀社に着付けの依頼をしておく。
・僧侶の送迎・到着後の挨拶。通夜と同じように、僧侶の送迎と案内をする。
・副葬品の用意。出棺の際に棺に入れたい品を担当者に渡しておく。
・新たに届く弔電もあるため、再度確認をする。
・1日の流れと細かな内容を担当者と確認する。

〈葬儀社にしてもらうこと〉

・霊柩車、マイクロバス、精進落とし、式の内容、火葬許可証などの確認。

葬儀・告別式～出棺

葬儀や告別式は、本来葬儀式と告別式が別々の儀式だったものを一度に行うことです。告別式の流れで初七日の読経をしてもらう「式中初七日」のスタイルも増えています。①遺族・参列者一同着席、②僧侶入場、③読経・焼香、④告別式・式中初七日、⑤僧侶退場、⑥別れの儀、⑦喪主挨拶、⑧出棺、という流れが一般的です。

〈家族がすること〉

・遺族は開式の15分前には着席し、僧侶の入場を待つ。席順は故人との関係が近い人から家単位で座る。
・葬儀開式・僧侶入場。僧侶入場の際は、起立し合掌で迎える。
・読経の途中から焼香を促されるので、喪主から関係の近い順に焼香する。
・遺族と親族の焼香が済んだら、参列者が焼香する。遺族はそのつど目礼する。
・告別式の流れで初七日を行う場合は、初七日の読経がある。
・読経が終わり、僧侶が退場するのを起立し合掌で見送る。
・別れの儀。棺が式場中央に運ばれ、棺を閉じる前に最後のお別れをする。
・棺を霊柩車に乗せた後、喪主から参列者に向けて挨拶する。
・出棺。マイクロバスなどで火葬場へ移動する。

〈葬儀社にしてもらうこと〉

・司会進行。
・副葬品や棺に入れる花など別れの儀の準備。
・霊柩車やマイクロバスの準備。
・僧侶、遺族、参列者の誘導。

火葬場へ移動〜火葬

火葬場へ着いたら、火葬炉の前で僧侶に読経してもらい、火葬。火葬の間は待合室で過ごし、火葬完了後、遺骨を骨壷に納める「お骨上げ」を行います。火葬場の待合室で精進落としを行う場合もありますが、ここでは火葬後に移動するケースを紹介します。

〈家族がすること〉
・火葬の立ち合いをする。
・約1〜2時間程度の火葬の間、待合室にてお茶やお酒、軽食を取りながら休憩する。火葬時間の長い施設などは、この間に精進落としを行う場合もある。
・お骨上げ。喪主から関係が近い人の順に2人で一つのお骨をはさんで、骨壷に収める。
・埋葬許可証を受け取る。
・火葬料金と待合室の利用料、飲食代金などを火葬場に精算する。葬儀社が立て替える場合もある。
・マイクロバスで精進落としの会場へ移動する。

〈葬儀社がすること〉
・火葬場への付き添いおよび場内の進行案内。
・火葬場の手続き。
・お骨上げの儀の進行。

精進落とし

精進落としは、親族や手伝いの人など、葬儀でお世話になった近親の方々に感謝し、ねぎらう席です。「お斎《とき》」ともいいます。本来は四十九日の忌明けに行うもので、この日から肉や魚を食べ始めることに由来する慣わしです。「故人のためのお膳（影膳《かげぜん》）」も用意します。喪主や家族はもてなす側として末席に着きます。

〈家族がすること〉

・僧侶が同席する場合は上座に案内し、世話役や友人がそれに続く。喪主と遺族は末席に着く。
・会食が始まる前に、喪主から世話になったことへの御礼の挨拶をする。
・親族代表などに献杯の挨拶をしてもらう。
・時間が来たら、喪主から終了の挨拶をして散会とする。

☆精進落としの挨拶の例

本日は、亡き夫のために多くのお気遣いをいただきまして、誠にありがとうございます。おかげ様で、葬儀を滞りなく済ませることができました。故人もさぞ喜んでいることと存じます。ささやかではございますが、精進落としの席を設けさせていただきましたので、どうぞ、ごゆっくりお召し上がりくださいませ。本日はありがとうございました。

〈葬儀社にしてもらうこと〉

・会場までの案内。
・料理の数量とセッティングの確認。

帰宅（遺骨迎え）

自宅へ帰ってきた遺骨は、四十九日法要まで（もしくは納骨日まで）後飾り壇に安置し、毎日線香を手向けます。後日訪れる弔問客にも、この祭壇に手を合わせていただきます。

〈家族がすること〉
・清め塩。家に入る前に、塩や水で身を清める。
・四十九日まで遺骨を安置する後飾り壇を設置して遺骨を安置し、遺影写真・位牌・仏具などを設置する。
・環骨法要。後飾り壇の前で全員が焼香してしめくくる。
・式中に初七日をしなかった場合は、このあと初七日法要を行う（この場合、精進落としは初七日法要の後に行います。順序は菩提寺の指示によって決まるため、最初によく打ち合わせをしておきましょう）。

〈葬儀社にしてもらうこと〉
・後飾り壇の設置。
・葬儀後の弔問客用に返礼品を用意。
・翌日以降、葬儀代金の精算、香典返しの手配、法要のアドバイスなど。

以上、臨終からお葬式が終わるまでを追ってみました。大変煩雑ですが一つひとつを場面ごとに分けて、順番に取り組んでいけば何とかなっていくものですし、家族や葬儀社のサポートもあります。

しかし、大切な人を失った悲しみの中、慣れないお葬式を取り仕切るのですから、精神的・体力的な負担は相当なものとなることは紛れもない事実です。お葬式に慣れているはずの私でさえ、母を見送った際は心身ともにぐったりとなり、しばらくは疲れが抜けませんでした。

そんな家族負担をできるだけ軽くしてあげられる方法が「事前の準備（終活）」です。

あなたが亡くなってしまった時、終活さえしておけば、葬儀社の選定や内容打ち合わせまでを事前に済ませていますので、家族が悲しみで冷静さを失った頭を無理やり働かし、ストレスの中でゼロから打ち合わせをする必要もありませんし、判断が狂う心配もありません。

そして、余裕のできた時間を使って、心ゆくまでお別れに集中できますし、お葬式の中で「あなたらしさ」を表現できるよう、前向きにお葬式に関わることができるかもしれません。さらに、前もって金額も分かっていますので、請求額にびっくり仰天する心配もありません。

これらは、終活を行った人だけの特権なのです。

お葬式後にしなくてはならないこと

お葬式の後には、たくさんの事務手続きや法要の準備が待っていて、「お葬式をするよりも大変だった」という方もいるほどです。遺された家族は悲しみの中で忙しく動き回らなければなりません。

これればっかりは準備できないと思いますか？　いいえ、できることはたくさんあるのです。旅立つ者ができることは、まとめられるものは一つのところにまとめ、「何をどうすればよいのか」を、すぐに分かるようにしておくことです。遺された家族がお葬式の慌ただしさとあなたを失ったショックで思考停止している時、「こうしなさい、ああしなさい」と書いておいてあげる。これだけでご家族がどれだけ助かることか……。

膨大な手続きすべてをいっぺんに考えても頭が混乱してしまいますので、

(1) 社会的なもの（ご近所や勤務先への挨拶や、会員になっていたところへの手続きなど）
(2) 法的に定められているもの（戸籍、住民票、税金、年金など）
(3) 供養関連（法要や納骨の準備）

の3つに分けて考えてから整理していくのがコツです。

(1) 社会的なもの――クレジットカード、各種会員権、生活インフラ関係

クレジットカードには死亡保険が付いていることもあるので、心当たりがある場合は確認しておきましょう。カードの使用残高が残っている場合ですが、法律では負の財産（借金）も引き継がなくてはならないため、相続人に支払い義務が生じますが、カード会社によっては残高を損金処理にしてもらえるサービスがあり、手続きをすれば遺族に請求がいかない場合もあります。規約によって各社の対応が違いますので、カード会社に確認してください。

それから、生活インフラの関係はうっかりしてしまいがちですが、もし忘れていたとしてもまあ大

丈夫です。たとえば故人名義の口座から引き落とされていた場合、口座が凍結されるため、後日「引き落とし不能」の通知が来ることになります。そうしたらそのつど、名義変更していけばよいのです。電話加入権以外であれば、電話一本で変更手続きができます。

ただ、携帯電話やインターネットのプロバイダは、基本使用料が引き落とされ続けますから、早いうちに契約解除や名義変更の手続きが必要です。

会員権に関しては、退会するか名義変更ができるようにしておきましょう。

(2) 法的に定められているもの――相続、年金、生命保険、健康保険、雇用保険、確定申告など

年金を受給している場合、遺された家族はまず、あなたが受給している年金の停止手続きをします。停止手続きを忘れたまま故人の年金が受給されてしまうと、全額一括で返還しなければならなくなり、余計な手続きが増えてしまうので、年金手帳などはすぐ分かるようにしておきましょう。

その他の保険関係についてですが、会社員で厚生年金・社会保険に加入している場合は、勤務先にお願いすれば手続きしてもらえます。しかし、自営業の方など国民年金・健康保険の加入者の場合は、社会保険事務所への届出が必要になります。

生命保険の受け取りに関しては、保険会社ごとに手続きが異なりますので、保険証書を用意して問い合わせた方が確実です。

また、保険や年金関係は、それぞれ住民票や戸籍謄本などが必要になりますので、役所へ行く際に必要枚数を取得しておくようにメッセージを残しておきましょう。

運転免許証、印鑑証明、パスポート、資格などに関しては、無理をして手続きに出かけなくても大丈夫です。本来であれば、それぞれ管轄しているところへ届け出て、返却・退会手続きをしなければならないのですが、これらの「期限付きで何かを証明してくれるもの」に関しては、逆をいえば「期限が過ぎたら使えなくなるだけ」ですので、そのままにしておいても問題ありません。会費が継続的に必要なものだけ返却手続きをしてもらいましょう。

91〜94ページに期限別の表にまとめましたので、こちらも参考にしてください。

(3) 供養関連——法要、仏壇、仏具、納骨の準備

お葬式が終わると、ほっとひと安心してしまいがちですが、すぐに四十九日法要と納骨の準備を始めなければなりません。四十九日法要で必要なことや物を、逆算して準備できるようにしておいてあげるとよいでしょう。

遺族が行う四十九日法要の準備

葬儀直後

僧侶に四十九日法要の依頼と日程調整

1週目（初七日）

・香典返しの名簿整理

2週目（二七日）

・本位牌の注文
・法要案内状の準備と発送
・故人の勤務先への挨拶と退社手続き

3週目（三七日）

・香典返しの品物選び
・遺品の整理、形見分け

4週目（四七日）

・出欠が戻ってきたら、法要の返礼品と会食の手配
・石材店に戒名刻字を依頼
・仏壇の購入（仏壇がない場合）

5週目～7週目まで（五七日～六七日）

・新しい仏壇の開眼供養
・忌明け四十九日法要

法要当日

法要～納骨～会食

期限別の手続き一覧表

お葬式の後にすべき手続き関連を、期限別に分けてまとめました。

■死後、できるだけ早く行うものや期限がないもの

種類	手続き先	備考
名義変更（電気・ガス・水道）	電気会社・ガス会社・水道局	利用料が個人の銀行口座からの引き落としだった場合、引き落とし不能の通知が来るので、それから名義を変更しても間に合う。電話連絡のみで行える。
電話加入権承継届	NTT	電話権の持ち主を変える手続き。加入権を移動していなくても、電話番号を変えるなどの基本的な手続きは可能。電話連絡のみで行えるが除籍謄本が必要。
クレジットカードの解約	カード会社	利用残高が残っている場合、各社対応が異なるので確認が必要。死亡保険などがついている場合もあるため、これも要確認。
会員証・会員権の返却、および名義変更	各団体	ゴルフ会員権などの高額なものは、相続の対象になる。未納会費などを確認。
インターネットの回線契約	プロバイダ会社	利用料金が発生し続けるので、名義変更か解約かを早めに判断する必要がある。
携帯電話の解約	携帯電話会社	使用しなくても基本料金が発生し続けるので、早めに解約する必要がある。

■死後14日以内に行うこと

種類	手続き先	備考
年金受給停止	市区町村役所 社会保険事務所	故人名義の年金を受給してしまうと、一括で返金しなくてはならない。年金受給停止は故人が受給者だった場合のみ行う。
国民健康保険証・介護保険証の返却	市区町村役所	死亡届けを提出していても、この手続きを行わなければ被保険者の資格を喪失したことにならず、保険料を払い続けることになる。
世帯主の変更	市区町村役所	残る世帯員がひとりの場合は、届けを出さなくても世帯主は自動的に変更になる。
借家の名義変更	家主・地主・大家	故人名義の借家や賃貸の場合のみ行う。

■死後4カ月以内に行うこと

種類	手続き先	備考
所得税の準確定申告（納税者が死亡した時の確定申告）	所轄税務署	故人の支払うべき税金を計算し、申告する手続き。故人が自営業または年収2千万円以上の場合に行う。

■死後10カ月以内に行うこと

種類	手続き先	備考
相続税の申告と納付	所轄税務署	死亡を知った翌日から10カ月以内に相続税を計算し、納付する手続き。相続する内容を一覧にし、税額を計算する必要があるので、相続するものが多い場合は、税理士などの専門家に依頼した方が安全。

■遺産相続の確定後に行うこと

種類	手続き先	備考
不動産の所有移転登記	法務局	この手続きを行うことで、相続した不動産が相続人の資産として認められる。住民票・戸籍謄本・除籍謄本・印鑑証明などが必要。
預貯金の名義変更	銀行・郵便局	この手続きによって、凍結されていた口座が使用できるようになる。住民票・相続人全員の戸籍謄本・除籍謄本・印鑑証明などが必要。
自動車の名義変更	所轄の陸運局	車検証・移転登記申請書・自賠責証などが必要。
株式の名義変更	証券会社	この手続きによって、株式の利益を受けることができるようになる。戸籍謄本・除籍謄本などが必要。
生命保険の契約要項変更	保険会社	故人を受取人にしていた場合の変更手続き。

■死後2年以内に行うこと

種類	手続き先	備考
国民健康保険の葬祭費申請	市区町村役所	故人が国民健康保険の被保険者の場合。火葬日から2年が期限。
健康保険（社会保険）の埋葬料申請	社会保険事務所 健康保険組合	故人が健康保険の被保険者の場合。故人の勤め先で手続きをしてくれることが多い。
生命保険の請求	保険会社	保険証書・死亡診断書などが必要。
労災保険の埋葬料および保険給付金の請求	所轄の労働基準監督局	業務上の事故などが死亡原因の場合。
高額医療費の請求	健康保険組合・社会保険事務所・市区町村役所	故人にかかった医療費が一定の自己負担額を超えた場合。

※これらの受取金は、申請しなければもらえないものです。

■死後5年以内に行うこと

種類	手続き先	備考
遺族年金・死亡一時金・寡婦年金の請求（国民年金・厚生年金・共済年金など）	市区町村役所・共済組合事務所・社会保険事務所など	遺された家族が受け取ることのできる年金の受給を開始する手続き。受給条件が一致した場合支給される。
医療費控除	所轄の税務署	その年に支払った医療費が総額10万円以上の場合、その金額を税金から控除してもらうための手続き。

申請しないともらえない！　公的な給付金

今の日本では、人がひとり亡くなったら必ずお金がかかります。

仮に、お通夜や告別式などの儀式をしないで「火葬だけ」をする場合でも、搬送・棺・人件費・火葬にかかる費用などで、20万円前後が必要です。人を埋葬するまでの最低限の費用くらい、行政で出してくれたらいいのですが、そうもいかないのが現状です。

ただ、あまり広くは知られていないのですが、葬儀費用を軽減する目的で「補助金」の制度がいくつかあり、ほとんどの方が何らかの制度にあてはまりますので、あなたが活用できる制度を見つけて、ぜひ活用しましょう。

詳しい制度の紹介の前に、いちばん大切なことをお伝えしておきます。それは、どの補助金制度も、「申請しなければ受け取ることができない」ということです。

税金などはこちらが何もしなくても勝手に請求されるのに、国が支払う時だけはこちらから出向いて申請しなければならないなんて……。腹は立ちますが、これが今の日本のルールと割り切って、もらえるものはもらっておきましょう。

補助金の制度は大きく分けて「健康保険」と「年金」があります。

あなたが国民健康保険または健康保険などの医療保険に加入していた場合は、お葬式を出した人（喪主または施主）に国民健康保険なら「葬祭費」、健康保険などの医療保険なら「埋葬料」という名目で補助金が支払われます。

国民健康保険の「葬祭費」の場合、自治体によって規定がさまざまで支給額も異なります。たとえば、千葉県船橋市は10万円、東京都世田谷区は7万円、神奈川県川崎市は5万円、福岡県筑後市は3万円といった具合に地域によって金額に大きなひらきがあるのです。

健康保険の「埋葬料」の場合は、国民健康保険よりも保険料が高いぶん支給額も高額になり、加入者の月給（標準報酬額）の1カ月分です。退職から3カ月未満であれば、こちらの制度が適用されます。月給が10万円未満だった場合は、一律10万円が支給されます。こちらの制度が適用される場合は在籍していた会社の総務に連絡して、手続きをする必要があります。

そして、もうひとつの補助金制度は年金からの給付です。

年金の保険料を3年以上納めた人が、老齢基礎年金も障害基礎年金も受けないで亡くなった場合、生計を共にしていたご家族に「死亡一時金」が支給されます。金額はあなたが納めていた期間によって変わり、3年で12万円、最高で32万円となっています。

また、年金は「死亡した月の分まで支払われる」ということも知っておくべきです。たとえば2月1日に亡くなった場合でも、2月分が全額支給されるのです。あなたに支払われるはずであった年金が残っている時は、遺族の方にその分の年金が支払われますので、年金の停止手続きをした後で、「未支給年金・保険給付請求」（故人が受けるはずだった年金を、遺族が代わりに受給できるようにする手続き）を行います。

この制度を知らずに、受け取らないままでいる方が結構いらっしゃいます。知らないで申請し忘れていると、10万円もらえるはずが1円ももらえなくなってしまうので、ご家族が絶対に忘れないように書き留めておいてください。申請期限は2年です。

これらの補助金は火葬を行うにも少し足りないのですが、入る金額が分かれば、ある程度、費用のめどが立つのではないでしょうか。

もうひとつ注意すべき点は、どれも申請時に「葬儀の領収書」が必要だということです。これらの補助金を葬儀費用支払いのあてにする場合、葬儀社にまだ支払っていない領収書を用意してもらわないとなりません。この場合、どうしても葬儀社の協力が不可欠なのです。

お葬式を依頼する前に状況を話し、協力してくれる葬儀社にお願いすることを忘れないようにしましょう。これまで、お金がないという方の相談に数多く対応してきましたが、葬儀社を探す際に、ちゃんと事情を伝えて根気よく探せば、分かってくださる葬儀社は必ずあります。こういった状況から見ても、早いうちから葬儀社を探すことは得策と言えるのです。

2章の最後にお葬式を出す側の方が「生活保護」を受けていた場合のこともお話ししておきましょう。お葬式を「出す人」が生活保護を受けていて、なおかつ他にお葬式を出してもらえる人がいない場合は、「葬祭扶助」といって、行政が火葬の費用を出してくれる制度があります。金額は毎年変わりますが、平均で18万円前後です。

これは、生活保護者が請求してお金をもらうという制度ではなく、葬儀社が役所へ火葬費用を請求するという制度です。葬祭扶助の場合は一般的に、祭壇を飾ったり、お坊さんにお経をあげてもらったりといった「儀式」はできません。あくまでも、火葬をするための最低限の費用を補助してもらえる制度です。しかし、この不況の折、扶助が下りる審査も年々厳しくなってきています。該当すると思ったら、担当の民生委員の方に相談しておくことが確実です。

それぞれの終活　～終活の実例・なぜ生前に準備をしたのか～

ここでは、実際に終活をされた方を紹介します。ここで紹介するお二人の終活を参考に、ぜひ、ご自分の今後の人生、そして人生の終着点をイメージしてみてください。なぜ、お二人は生前に準備することを選択したのか、する必要があったのか。最高な形で人生のゴールを迎えるために、今のあなたにできることがあります。

最愛の家族のための終活［佐々木さんの場合］

I県にお住まいの佐々木さん（仮名）は、かねがね「葬儀は虚飾だ」と思っていたそうです。遺された家族がいくら「その人らしい」お葬式を出したところで、本人には分からないですし、知人のお葬式へ行っても、遺族は「故人のために」と悲しみをこらえて忙しく動き、神経をすり減らしています。はたしてこれで本人は喜べるのか、お葬式とはいったい「誰のためのもの」なのか……。どうしても意味を見出せなくなったのです。

だから、佐々木さんは自分のお葬式はしないことに決めました。

使いまわしの祭壇に大金をかけ、参列者への対応や葬儀のスケジュールに追われてヘトヘトになるのなら、何もしないでのんびり見送ってほしいと思ったのです。

形だけの葬儀より
心から別れを偲んでほしいわ

さらに、公営の霊園に墓地を買い、今後はお寺との付き合いもしないことにしました。供養にお金をかけるくらいなら、皆で集まって食事会などを開いてもらい、自分を偲んでもらえる方が嬉しいと思ったのです。

しかし、お葬式をしないことを自分で決めていても、遺された家族がそのことを知らなければ、流れに任せて「普通に」お葬式をあげてしまいます。これでは意味がありません。

時に、何かを「する」よりも「しない」方が面倒な場合がありますが、この「お葬式をしない・お寺と付き合わない」ということは、その最たるもの。「普通に」お坊さんに来てもらってお葬式をする方が、スムーズに進むかもしれません。でも、その「普通」がこれまでの不満を生んできた「クセ者」なのも事実です。佐々木さんは、この「普通」に疑問を持ったのでしょう。

ですから、佐々木さんはできることをすべて、生きているうちにやっておき、自分が死んだ時には、家族ができるだけ穏やかに「別れの時間」をゆっくり過ごせるよう、準備しておくことにしたのです。

佐々木さんはまず、自分が死んだ時にどうしてほしいのかをまとめておくことにしました。そんな時に役に立つのが「エンディングノート」の存在です。しかし、市販のエンディングノートには書きたい項目がなかったり、書きたくない項目があったりと、気持ちとの間にズレがありました。そこでインターネットで相談できるところを探し、葬儀相談員である私と出会うことになったのです。

私はまず、佐々木さんのお話をじっくり伺い、ご家族に伝えておきたいことなどを「葬儀に関する要望書」としてまとめることにしました。

そして、その要望をもとにご自宅での配置や基本的な時間の流れ、段取りなどを計画し、最後にその内容できちんと対応でき、なおかつ適正な価格の葬儀社を選定することにしました。（葬儀をしない、すべて自由にだけでは、かえってご家族が混乱してしまうからです）

佐々木さんとお話ししていて印象的だったのは、表面的には合理主義こその「葬儀・宗教無用」に見えて、実のところはご家族への気遣いや愛情からあふれ出た選択だということ、そしてそれを素直に実行しようとする姿勢でした。「自分がこうしたいから」ではなく、「家族にとって何が良いだろう」という視点で考えられている温かさがあふれていましたし、考える順序として大変理に適っていたのです。実際に自分の気持ちをまとめるよりも、「大切な人にどうしてあげたいか」と考える方が、考えがまとまりやすいのです。これは一歩進んだ「終活」だと感じました。

もしもあなたが、ご自身のお葬式をどう考えていいのか迷う時には、佐々木さんのように、自分の要望の前に、「自分のお葬式で、家族にどう過ごしてほしいか」ということから考えてみると、あなたらしいお葬式がイメージしやすいかもしれません。

実はこの原稿を書いている2010年の時点で、佐々木さんの終活はまだ終わっていません。葬儀社の選定や具体的な金額を出してもらうのは、ご夫婦それぞれの要望がまとまってからということにしているので、もう少し先のことになりそうです。

でも、これでいいのです。終活は、「今すぐ！　急いで！　一気に！」しなければならないことではありません。「ゆっくり、ざっくり、少しずつ」、今できることだけやっておき、気が変わったらいつでもやり直せばいいのです。

南の方に「てげてげ（=適当、ほどほど、大雑把）」という方言がありますが、佐々木さんのように長いスパンで準備をする時には、こんなスタンスがちょうどいいのかもしれませんね。佐々木さんは、これからもゆっくりと穏やかに、終活を進めていかれることでしょう。

「ありがとう」を伝える葬儀［関口明美さんの場合］

2007年の9月に命を全うされた、関口明美さんの終活についてお話しします。

2007年8月28日、さいたま市の葬儀社「ウィルさいたま」に、1本の電話がありました。

「あと余命1カ月って宣告されたんですけど……お葬式の相談をしたいの……」

明美さんは、その電話では多くを語らず、担当者が自宅へ訪問する約束をしたそうです。

担当者が関口さんの自宅にお邪魔すると、家の中にはアトリエや、様々な作品がライトアップされたショーケースなどがあり、彫刻や陶板作品を創る芸術家をされているとのことでした。

そして、話を伺うと1カ月後にその作品を発表する個展を開く予定だったとのこと。皮肉なことに、個展と、医師の余命宣告が同じ時期になってしまっていたのです。

担当者がまず、「気にされていることや不安なことがあったら教えてください」と聞くと、明美さんは、「私が亡くなると、遺されるのは妹だけになってしまうので、それが心配。葬儀に人を呼ぶと、わざわざ来てくれるっていう人がいるけど、そういう人たちに迷惑をかけたくないの」と答えるのだそうです。この時点での明美さんの目的は、自分のことよりもとにかく周りに迷惑をかけたくないという、事務的な要望が強いものでした。

しかし、せっかくご自身のお葬式を相談するのだから、事務的なだけでは寂しいと思った担当者は、

「せっかくだから明美さんらしいものを探しましょう。来てくれた人たちが、『明美さんらしいね』って言ってくれるようなものを作りましょう」と提案。明美さんの心は少しずつ動いていきました。

こうして、担当者と一緒に感謝の気持ちや明美さんらしさをテーマに取り組んでいくうちに、明美さんの人柄や個性が存分に発揮されていきました。

明美さんが自身のお葬式で準備したこと、それは、花飾りの色合いや種類だけではなく、お棺、骨壷、会葬礼状の代わりの直筆のお礼状、そしてお料理の内容やそのお漬物の種類まで、多岐にわたります。打ち合わせの中で、明美さんの好みのものが見つからない時には、担当者が翌週までの宿題として持ち帰って、各業者に聞いて回り、またあらためてご提案するというスタイルをとり、まさに二人三脚で作り上げていきました。

なかにはこんなやり取りもあったそうです。担当者が「これまで創られた作品をディスプレイしましょう」と提案すると、芸術家としてとても謙虚な姿勢であった明美さんは、「私はそういう押し付けがましいのはあんまり好きじゃないの」と取り合いません。担当者が負けずに「じゃあ、お礼状の裏側だけは、絵葉書みたいに絶対明美さんの作品を載せましょう」とアイデアを出すと、「仕方ないわね……。じゃあ何か選んでおくわよ」という感じで、担当者と明美さんは本当に一つひとつ手作りでセレモニーの内容を決めていきました。

また、お葬式の準備と同時進行で、作品集を出版する準備も行っていたといいます。

そうして痩せてはきたものの、自宅のベッドの上で背筋を伸ばし、毅然と話す明美さんの姿に、「このままもっと長生きしてくれるんじゃないか」と、周りが期待を持ち始めた矢先、容態が急変して入院、9月末日に永眠されました。奇しくもその日は明美さんが余命宣告を受けた予定日だったそうです。

その後、執り行われた葬儀は、明美さんらしく謙虚でつつましい雰囲気の中にも、芸術家である彼女の感性がちりばめられたものとなり、明美さんが一人ひとりの顔を思い浮かべながら、心をこめてしたためた直筆の会葬礼状は、参列された方々にとっても、かけがえのないものとなりました。

明美さんを担当した葬儀社「ウィルさいたま」の吉澤隆さんは、当時を振り返りこう言います。

「明美さんと話していて強く感じたのは、『私たちの時間と、明美さんの時間では重みが違うのだ』ということです。やはり、会うたびに痩せて、身体につける管の数が増えたりする姿を見ると、彼女に残された時間は少なく、明美さんにとっての一日一日は、私の一日とは全然価値の違う、貴重なものなんだ、と思いました」

こんな担当者に出会えた明美さんは、とても幸せな終活ができたのではないかと思います。しかし同時に、1カ月という残り少ない時間を懸命に全うしながらの終活、時間に思いを馳せると、お葬式の準備以外にもやりたいことがあっただろうと、やりきれない思いもこみ上げてきます。

当たり前すぎてその価値を忘れてしまいがちですが、私たちはたくさんの時間に恵まれています。行きたい場所があったら、旅行の計画を立てて3カ月後のその日を楽しみにでき

関口明美さんの作品集『邂逅』
藝術出版社

ますし、終活をするにしても、時間をかけて明るく取り組めます。それは、とても幸せなことではないでしょうか。

明美さんが懸命に生き抜いた1カ月は、一日一日がどんなに価値があるものなのかを、私たちに教えてくれています。

取材協力

ウィルさいたま　代表取締役　吉澤隆さん

ウィルさいたまは、「生き方を応援する葬儀社」をスローガンに、お葬式の事前相談に力を入れている葬儀社で、ご家族だけでなくご本人からもご相談を受けることが多いそうです。そのデリケートな対応が求められる現場で、お葬式の知識がない方でも要望を話しやすいよう、また、悲しみが大きすぎて気付きづらい「想い」を見つけていただけるよう、吉澤さん自ら民間カウンセラーの資格を取って、取り組んでいらっしゃいます。「儀式としてよりも、家族との絆を再確認できるようなお葬式をお手伝いしたい」とおっしゃっていました。

〒330－0825　埼玉県さいたま市大宮区大成町1丁目405

TEL：0120－797－739

URL：http://www.will-saitama.jp

第3章

お葬式のお金事情

～タイプ別実例集～

お葬式にはいくらかかる？

「お葬式にはいくらかかりますか？」

多くの方からこう質問されます。でもこれって、こう聞いていることと同じなのです。

「車っていくらですか？」

こう聞かれると困りますよね。たくさんの種類がある中で、軽自動車なのか、エコカーなのか、どんな車が希望なのかも分かりません。また、安ければ何でもいいのか、安全面を大事にしたいのか、デザインなのか、その人の優先事項でも違うでしょう。答える方としてもどうせなら、「軽自動車だったら、新車で１００万円、中古で贅沢いわなければ50万円くらい」と教えてあげて、検討の役に立ちたいですよね。

お葬式も同じ。身内だけの密葬にしたいのか、一般葬にしたいのか、飾りつけは華やかにしたいのか、質素にしたいのか……希望する内容によって費用は大きく違います。また、お葬式のほかにお布施の費用も考えなければなりません。仮に家族だけで見送ったとしても、お布施だけで１００万円かかるケースだってあるのです。本書でも地区別の平均費用をご紹介していますが、あくまでも平均は平均、やり方次第で「高くも安くも」できるものなのです。「お葬式にはいくらかかりますか？」というご質問に平均費用をお答えしても、その方の質問に答えたことにはなりません。お葬式はオ、ー、ダ、ー、メ、イ、ド！　あなたの要望によって、その値段はピンキリ。ですから、お葬式の金額をちゃんとお答えするには、「どんなお葬式を考えているか」という情報が不可欠なのです。

お葬式の収支実例　～「大きなお葬式と小さなお葬式」お金がかかるのはどっち?～

各地の講演などで受講者の方に聞いてみると、多くの方が「密葬は安く済むイメージ」とお答えになります。当然、参列者がたくさん来る「大きなお葬式」の方が、葬儀社に支払うお金は多くなりますが、その分、多くの香典収入があり、葬儀社から「香典収入がある分、一般葬の方がお得ですよ」なんてアドバイスされることもあります。

一方、密葬や家族葬などの「小さなお葬式」は、葬儀社への支払いは比較的少ない代わりに、香典収入がありませんので、すべてが遺族の家計からの持ち出しとなります。しかし、テレビや雑誌では「葬儀を安くあげたいなら密葬がお得!」なんて言っています。

さて、こうなると大きなお葬式と、小さなお葬式、どちらの方が費用負担の少ないお葬式になるのか微妙なところですね。では、実際の収支例を見てみましょう。

まず、密葬と一般葬を同じ土俵で比べるために、遺族の基本データを揃えることにします。同居の家族が故人を除いて3名、お葬式に来るであろう親戚が17名。あわせて20名ということに仮定しましょう。そして参列者ですが、密葬の場合は親族20名だけ。一般葬の場合は、親族20名プラス参列者が135名ということに仮定しましょう。ちなみに、この参列者数は全国平均の数です（※公取委調査）。

さらに、いただく供花は密葬の場合は6基、一般葬の場合は26基で計算して、お葬式の内容は密葬プラン40万円、一般葬プラン80万円を依頼することにしましょう。この条件を基本に白木祭壇を飾った場合と、花祭壇を飾った場合で収支例を出すとこうなります。

＜白木祭壇の場合＞

項　目	密　葬	一般葬
葬儀プラン(祭壇一式)	40万円	80万円
搬送などの諸費用	5万円	5万円
式場利用料	10万円	20万円
通夜振舞い	5万円	23万円
精進落とし @4,000円十飲み物	9万円	9万円
会葬御礼品 @1,000円	3万円	15万円
お 布 施	40万円	40万円
香 典 返 し	6万円	40万円
合　　計	118万円	232万円

香 典 収 入	12万円(3万円×4家族)	105万円(※平均7千円)
収 支 計	106万円	127万円

＜花祭壇の場合＞

項　目	密　葬	一般葬
葬儀プラン(祭壇一式)	31万円(供花相殺9万円分)	41万円(供花相殺39万円分)
搬送などの諸費用	5万円	5万円
式場利用料	10万円	20万円
通夜振舞い	5万円	23万円
精進落とし @4,000円十飲み物	9万円	9万円
会葬御礼品 @1,000円	3万円	15万円
お 布 施	40万円	40万円
香 典 返 し	6万円	40万円
合　　計	109万円	193万円

香 典 収 入	12万円(3万円×4家族)	105万円(※平均7千円)
収 支 計	97万円	88万円

白木祭壇の場合は、一般葬と比べて密葬の方が11万円、費用負担が少なくなりました。

それでは、37ページで紹介した裏技、近ごろ主流になってきている「生花祭壇」を使用した場合はどうでしょうか。生花祭壇の場合は、皆さんからいただいた「供花」を、祭壇花として組み込むことができるため、1基あたり1万5千円を祭壇費用から相殺することができます。

それでは実際の収支を見てみましょう。

今度は一般葬と密葬が逆転しました。密葬に比べて一般葬の方が9万円、持ち出しの費用負担が少なくなっています。

ここまで読まれて、「ケースによって費用が違うのなんて当たり前じゃないか」と、思われたのではないでしょうか？　私が言いたかったのはまさにそこなのです。つまりは、どちらもやりようによって、高くも安くもできるということです。さらに言えば、安くしたいから密葬にしようとか、香典収入をあてにして一般葬にしようというのは、ほとんど意味がないということ。

さあ、これで、仮にあなたが葬儀社から「香典収入を考えると一般葬の方がお得ですよ」なんてことを言われたとしても、惑わされずにすみますよね。密葬なら密葬の、一般葬なら一般葬の、費用負担を少なくする方法はいくらでもありますから、あなたの方針を曲げてまで、「安くしたいから密葬しか選べない」などと、表面的な費用に惑わされる必要はありません。

あなた自身のお別れなのですから、いちばん大切なのは「あなたがどうしたいか」「誰にどういうふうにお別れしてほしいのか」という、あなた自身の希望です。ここから考えることで、本当の意味での「みんなが納得できるお葬式」になるのです。

香典だけで葬儀は行えるの?

「結婚式では、ご祝儀で婚礼費用をまかなったり、時には黒字になったりすることもあるようですが、お葬式ではどうなのでしょうか?」

「香典で葬儀ができると聞いたのですが、本当ですか?」

時に、このようなご質問をいただくことがあります。

また、「香典で葬儀費用をまかなえます」とうたっている葬儀広告も目にします。

しかし、結論から言えば、残念ながらお香典だけではお葬式の費用すべてをまかなうことはできません。香典収入とは、あくまでも補助的なものとして考えた方が良いのです。

まず、一人ひとりのお香典は、一般参列者で5千円~1万円。親族がもう少し多目に包んだとして、平均的な香典額は7千円と言われています。100人の参列者なら70万円ですね。

そして、いただいたお香典の約半分~1/3を香典返しとしてお返しする〝半返し〟というしきたりがあるので、残りは約40万円。これでは小さな祭壇を飾っただけで終わりです。その他、式場の利用料、通夜料理や告別式料理の飲食費、霊柩車などの車両費、そしてお寺へのお布施などがまるまる家計から出て行くことになりますし、東日本など参列者も通夜料理を取る地域は、それだけお金も余計にかかります。

では、参列者の人数が多ければ香典も多くなり、残る金額も多くなるかというと、そうでもありません。仮に300名の参列者だったとして、香典返しを除いた150万円を葬儀に使えると仮定してみましょう。300名規模のお葬式をするにはまず、300名に対応できる大きさの式場が必要ですし、もちろん大きな式場は利用料も高く設定されています。

そして、祭壇も式場の大きさに合わせて飾ると、葬儀本体だけで通常150万円は超えてしまいますから、残りの費用がまかなえるはずもありません。お葬式費用の全国平均約231万円を香典だけでまかなおうとすると——なんと600名以上の参列者が必要ということになります。これは現実的ではありませんよね。

このように、お香典だけではお葬式ができないどころか、〝黒字〟にのどはならないのです。お香典をあてにするのは、それこそ「取らぬ狸の皮算用」になってしまいますから、お葬式費用は必ず家計から出て行くものだと思って、できれば自分で用意しておきたいものです。

また、密葬や家族葬を行う場合はお香典が集まりませんので、ほとんどが家計からの持ち出しとなります。密葬は安いと思っていたら、実は差し引きの持ち出し額が多くなってしまったということもよくあるのです。

お布施は費用？　気持ち？

これからお葬式を考えようとしている方から相談を受けていると、こんな会話になることがあります。

市川「お葬式の形式ですが、仏式など宗教の形は何かお考えはありますか？」

ご相談者「ウチは無宗教ですから、とくにありません」

市川「無宗教というと、お経はなく、お坊さんにも来てもらわないようなイメージですか？」

ご相談者「いや、お坊さんには来てもらってお経もあげてもらいます」

市川（あ、仏式なのか）「では、代々お付き合いのある菩提寺はありますか？」

ご相談者「田舎にあったと思いますが、宗派などは分かりません」

これは珍しいことでも何でもなく、多くのご相談者が「自分は無宗教だ」と胸を張って言うのと同時に、お葬式にはお坊さんに来てもらい、お経をあげてもらって、戒名をつけてもらうのが当たり前だと思っているのです。

でもこれって、無宗教じゃないですよね。

そうは言っても、自分の家、ましてや自分が仏教徒だという自覚はまったくなく、仮に菩提寺があることは知っていたとしても、宗派がスラッと出てくる人の方が少ないくらい。

私はこれが悪いことだなんて言いたいのではなく、昔と違って、これほどお寺離れが進んでいるということなのです。お坊さんたちには冗談にしか聞こえないかもしれませんが、これは冗談でも何でもなく、現実として、お寺と私たちの気持ちの距離は、ものすごく離れてしまっているのです。

そんなこんなで、私たちはお葬式の時にお包みするお寺へのお布施に対しても「出費」という感覚を持ってしまいます。本来、お布施とは「させていただくもの」なのですが、私たちにそういう意識はまったくなく、葬儀費用とともに家計から出て行く〝費用〟として考えてしまうのです。

しかし、お寺にとっては費用などではなく、あくまでもお布施。「頼まれて受け取るもの」ですから、このギャップは計り知れません。

お布施とは本来「させていただくもの」と書きましたが、そもそもお布施とは、何らかの形でお寺を助けることで功徳（くどく＝善い行い）を積むことができるというものです。ですから、必ずしもお金でなければならないというものではなく、お寺の掃除に行くのもお布施ですし、行事の手伝いを買って出るのもお布施なのです。

でも、何かと忙しい毎日を送っていると、結局はお金でやり取りをするしかありませんから、今は「お布施＝お金」というのが一般的な感覚となったのです。

お葬式に必要な「お布施」の相場

お布施が必要な場面にはどのようなものがあるかというと、まずは「お葬式での読経と戒名」です。この「お葬式の際のお布施」が最大の難関ですよね。

菩提寺に金額を聞いたとしても「お布施ですからお気持ちで結構です」と返される場合があるように、お布施には定価がありません。お布施の額は、そのお寺の宗派、格式、地域、住職の考え方やこれまでの付き合い方、そして授かった戒名の位（ランク）など、様々な要因で変わるもの。それに、あくまでも「気持ちのあらわれ」ですから、もし経済的に厳しいのであれば、そのことをご住職にお話しして、精一杯の気持ちをお包みすれば良いのです。

ただ、いくら厳しいからといって、いきなり小額をお包みしても受け取ってくれないケースもありますので、まずはお伺いを立てることが必要です。これもいきなり「いくらですか？」と聞いてしま

うと怒られてしまいますので、お布施をご住職に相談したい時は、

「このようなことを伺うのは大変失礼なことだとは存じますが……。このたびお願いするお勤めですが、医療費がかかり過ぎてしまい、経済的に大変厳しい状態でして、申し訳ないのですが30万円でお勤め願えませんでしょうか……」

　などと、丁寧にお伺いを立てるという姿勢を忘れないようにしましょう。

　一般的な相場が知りたい方のために、お布施の金額目安を表にしましたので、あなたの実情に合わせて参考にしてください。

　表を見て分かるとおり、東日本よりも西日本の方が低くなってい

＜お布施の相場＞

お寺の地域		戒名の位	金額の目安
東日本 平均額 48.4万円	都市部	なし（読経のみ）	20〜30万円
		信士・信女	30〜50万円
		居士・大姉	50〜80万円
		院　号	100万円以上
	地　方	なし（読経のみ）	15〜25万円
		信士・信女	30〜40万円
		居士・大姉	50〜70万円
		院　号	80万円以上
西日本 平均額 39.5万円	都市部	なし（読経のみ）	15〜25万円
		信士・信女	30〜40万円
		居士・大姉	50〜70万円
		院　号	80万円以上
	地　方	なし（読経のみ）	10〜20万円
		信士・信女	20〜40万円
		居士・大姉	40〜60万円
		院　号	60万円以上

※平均額は平成15年（財）日本消費者協会 第7回「葬儀についてのアンケート調査」より。
（お寺の格式や宗派などの要因によっては、この限りではありません。）

ますが、これは西日本には月命日などにお経をあげに来てもらう「月参り」があり、そのつど5千～1万円程度のお布施をする習慣がある分、お布施の額が低いのです。

また、宗派によっては10万円近く差が出る場合や、お寺の格式が本山クラスのお寺になると、数百万円単位のお布施が必要になったりしますので、より現実的な相場が知りたい場合には、檀家の総代さんや事情に詳しい地元の葬儀社に聞いてみましょう。

それから、お葬式の際にお寺までお迎えを出さない場合は御車代を、精進落としの席に来られない場合は御膳料を、各1～2万円程度、お布施とは別にお包みするのが慣わしとなっています。

ちなみに、お葬式の際のお布施は「課税対象外」となりますので、お布施の額を証明できるように、領収証を発行していただきましょう。もし、発行されなかった場合は、メモとしてお布施を支払った日付と金額、寺院名が分かるように書き留めておくだけでもほぼ認められます。

お葬式以外にもお布施は必要です　～お布施をする場面と相場～

お寺との付き合いはお葬式とお通夜の2日間だけではありません。仏様となった故人の供養は、三十三回忌を「忌上げ」として一段落するまで行われるのが一般的ですので、その間、回忌法要のほか、毎年のお彼岸やお盆、月参りなどのたびにお布施をします。また、寺院墓地へお墓参りに行く際も、手ぶらで行かず、小額をお包みするか供物を持参するのがマナーです。

あなたが亡くなった後に供養をし続けてもらうには、それ相応の費用が「ランニングコスト」としてかかり続けるということを知っておきましょう（コストなんていう言い方をすると、怒られてしまいそうですが、ここは消費者用語で分かりやすく表現させていただきます）。

〈法　要〉

主な場面としては、四十九日法要、百カ日法要、一周忌、三回忌、七回忌、十三回忌、二十三回忌、三十三回忌（これで忌上げ・五十回忌まで行う場合もある）、月参り、新盆（初盆）など。

四十九日法要や納骨法要では、5～10万円（地方は3～5万円）くらいか、お葬式の際のお布施の1～2割が目安。一周忌以降は、3万円～5万円くらい（地方は1～3万円）が目安です。月参りや新盆などは5千～1万円くらいが目安です。

〈お墓参り〉

お金を包む場合は1千～5千円。供物として、菓子や果物などを持参するのも良いでしょう。

〈お彼岸などの行事〉

主な行事としては、春・秋のお彼岸やお盆の法要のほか、お寺によって年間行事が決まっています。お墓参り同様、お金を包む場合は5千～1万円。供物を持参するも良いでしょう。

〈お寺の修繕など〉

お寺の屋根を直したり、施設を新しくしたりするなどの際、檀家に一口数万円程度の額のお布施（寄付）が必要なことがあります。

ちなみに、院号などの位の高い戒名を授かった場合は、寄付の基本額が上がったり、法要などのお布施も高くなるのが一般的ですので、上記の倍額くらいを考えておかなければなりません。いただく戒名の位によって、あなたの死後のランニングコストが変わると思って良いでしょう。

自分で戒名をつけても良いのか？

よく「自分で戒名をつけても良いの？」という質問をいただきます。

「死んでからつけられても、自分ではどんな名前になったのか分からないのは嫌だ」とか、「どうせなら好きな文字を入れた戒名にしたい」というのが理由のようです。

結論から言うと、答えは「菩提寺がない人は自分で戒名をつけることは可能だが、菩提寺がある人の場合は難しい」ということになります。

まず、戒名とはこれから供養してもらうお寺から授かるというのが基本的な考え。お寺側も自寺で授けた戒名を持っている人だけを供養するようになっています。ですから、寺院墓地に納骨する予定の方は、自分で戒名を考えたとしても、納骨時につけ直されてしまいます。

菩提寺がなく、お墓も霊園など宗教・宗派を問わないところに入る予定の方は、法要のたびに、お経だけをあげてくれるお坊さん（派遣の僧侶）に頼むようにすれば、好きな戒名をつけるということも可能です。葬儀社に紹介をお願いしてもいいですし、今は僧侶派遣会社もありますので、そういう要望を伝えて来てもらえばいいのです。

では、菩提寺がある人は、自分の知らない戒名をつけられてしまうしかないのでしょうか。

これにはひとつの解決策があります。「生前に戒名を授かっておく」という方法です。

そもそも、戒名は死んでから授かる名前なのではなく、仏教徒としてお寺に認定してもらったという証しですから、本来は生前に授かるのが望ましいとされているのです。菩提寺に「戒名を授かりたいのですが」と伝えれば、喜んで授けてもらえますし、授かる戒名の相談にも乗ってくれます。こうすれば、あなたの好きな文字を入れてもらうこともできるでしょうし、自分の戒名を知り、愛着を持って過ごすこともできるでしょう。さらに、お寺との縁も生まれますので、あなたに万が一の時が来たとしても、安心してお任せできるのではないでしょうか。

「お布施を払わなければいけない」と考えると、お寺との距離も遠く感じてしまいますが、同じお布施を払うのならば、しっかりとコミュニケーションを図り、「お布施とは何か、戒名とは何か」を理解できた方がいいと思うのは私だけでしょうか。

普段、敷居が高いと思っているお寺も、いろいろ質問してみると案外優しく答えてくれますし、答えてくれないようなお寺には、お布施をする意味なんてないのですから。

あなたはどのタイプですか？「タイプ別お葬式費用診断チャート」

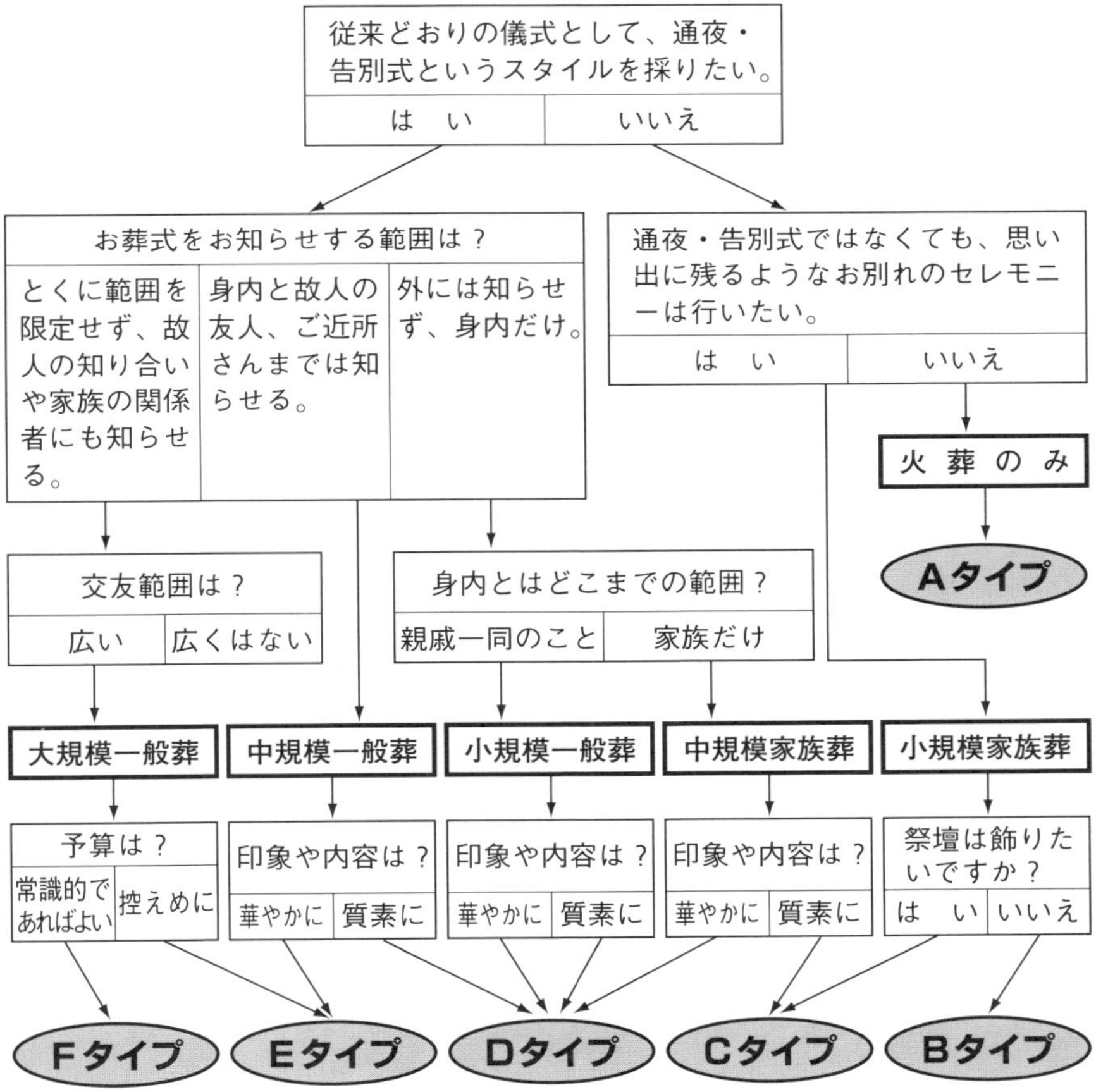

Aタイプ：儀式はせずに火葬のみを行いたい。120ページへ
Bタイプ：従来のスタイルでは行わないが、セレモニーは行いたい。122ページへ
Cタイプ：小規模ながらも何らかの儀式を祭壇を飾って行いたい。124ページへ
Dタイプ：通夜・告別式を世間体を保ったスタイルで行いたい。126ページへ
Eタイプ：誰に見られても恥ずかしくない葬儀を行いたい。128ページへ
Fタイプ：たくさんの人に見送られながら、立派な葬儀を行いたい。130ページへ

《**Aタイプ**のあなたのお葬式費用は、**20~30万円+お布施です**》

儀式としてのお別れを一切行わず、火葬だけをすることを望まれているのですね。お考えや理由はさまざまでしょうが、今は「火葬だけ」を行う方も都市部では珍しくありませんので、実現することは十分に可能です。とはいえ、まだまだこの「火葬のみ」を理解してもらえない方々がいるという事実も忘れないようにしましょう。その方々とは……

(1)ご親戚(あなたの兄弟のことです)――子どもの頃はあなたの家族だった方々にも、あなたへの思い入れがあるのです。ですから、いくらあなた自身が希望したことだとしても、それを知らなかった場合には「何もしないなんて可哀想!」と、ご家族が叱られてしまうこともあるのです。

(2)菩提寺――菩提寺がある場合は、無視できないのがお寺です。儀式を行わないことに理解を示してくださる方もいる一方で、お怒りになられる方もいらっしゃいます。菩提寺がどんな考えかを確認して、理解を求める努力も必要なのです。

(3)葬儀社――「葬儀のプロである葬儀社がなぜ?」と思われたことでしょう。葬儀社によっては小さな仕事を積極的に受けないところもあるのです。また、担当者のお給料がノルマ制の場合などはどうしても……想像できますよね。

◇**あなたの希望を実現するためのワンポイントアドバイス**

親戚へのしつこいくらいの意思表示とお寺への説明、そして、小さな葬儀に快く対応する葬儀社探しを始めましょう。

◆ 火葬のみ実例データの一例

※火葬場で僧侶に読経を依頼する場合は、別途５万円前後が必要です。

	項 目	単 価	数量	税込み金額	備 考
葬儀社に支払う葬儀費用	棺	70,000	1	73,500	桐の合板製を選んだ場合
	骨壷	13,200	1	13,860	白色陶器製・箱・覆い付き
	ドライアイス	8,000	3	25,200	死亡日から2泊で火葬の場合(処置料込み)
	遺影写真	30,000	1	31,500	カラー四つ切サイズ
	花束	5,000	1	5,250	出棺時使用(自分で用意しても良い)
	諸経費	30,000	―	31,500	人件費など。葬儀社による
	後飾り祭壇	20,000	1	21,000	人件費など。葬儀社による
	白木位牌	5,000	1	5,250	火葬時までに戒名を授かる場合
葬儀社立替の実費費用	寝台車	16,500	10km	17,325	病院～自宅
	霊柩車	30,000	10km	31,500	自宅～火葬場
	火葬料金	12,000	―	12,600	公営火葬場の例（民営は5万円～）
	待合室利用料	5,000	―	5,250	公営火葬場の例（民営は2万円～）
	火葬待合中の飲食	5,000	―	5,250	お茶やビールなど飲食した分のみ概算
	合計			278,985	

《Bタイプのあなたのお葬式費用は、50～80万円＋お布施です》

従来の「祭壇を飾った通夜・告別式」にはこだわらないが、家族が揃って何らかのお別れの場を設けたいのですね。祭壇を飾らなければお葬式ができないわけではありませんし、最近では「通夜だけ」あるいは「告別式だけ」を行うケースも増えてきていますので、十分に実現可能です。

家族だけで見送る「家族葬」なのであれば、通夜・告別式という「儀式」に時間とお金をかけるよりも、ゆったりとお別れの時間を過ごしたいというのも自然なことのような気がします。そして、祭壇にお金をかけない分、家族で故人が好きだったレストランなどに美味しいものを食べに行ったり、思い出の場所へ旅行に行ったりと、その人が本当に価値を感じることにお金をかけられるのです。

注意点としては、親戚とお寺への理解を求める努力が必要な点は火葬のみと同じということ。「なぜこのスタイルで見送ってほしいのか」という要望を明確にしておきましょう。

◇あなたの希望を実現するためのワンポイントアドバイス

「こういうスタイルの家族葬って、○○さんらしいね」と思ってもらえるようにあなたの好みでしっかり計画できたら、すべての流れがスムーズに進むのでは。

◆ 家族葬(自宅葬・祭壇無し)データの一例

※僧侶に読経を依頼する場合は、別途お布施が必要です。

	項目	単価	数量	税込み金額	備考
葬儀社に支払う葬儀費用	棺	100,000	1	105,000	白布張り棺を選んだ場合
	骨壷	13,200	1	13,860	白色陶器製・箱・覆い付き
	ドライアイス	8,000	5	42,000	死亡日から4泊で火葬の場合(処置料込み)
	遺影写真	30,000	1	31,500	カラー四つ切サイズ
	花飾り	80,000	1	84,000	棺の周りを生花で飾った場合
	諸経費	50,000	―	52,500	人件費など。葬儀社による
	後飾り祭壇	20,000	1	21,000	枕飾りを兼ねる
	白木位牌	5,000	1	5,250	火葬時までに戒名を授かる場合
葬儀社立替の実費費用	寝台車	16,500	10km	17,325	病院～自宅
	霊柩車	30,000	10km	31,500	自宅～火葬場
	式場料金	0	―	0	自宅のためなし
	火葬料金	50,000	―	52,500	民営火葬場の一例(公営は1～2万円)
	待合室利用料	20,000	―	21,000	民営火葬場の一例(公営は5千円前後)
	飲食の概算	70,000	―	73,500	通夜振舞い・精進落しの飲食を特上ランクで
	火葬待合中の飲食	5,000		5,250	お茶やビールなど飲食した分のみ概算
	合計			556,185	

《**Cタイプ**のあなたのお葬式相場は、80～120万円＋お布施です》

小規模ながらも祭壇を飾って、お別れの儀式を行いたいのですね。

この場合は祭壇を飾る家族葬～中規模な密葬ということで、どちらの場合も参列者の人数は限られていますから、実費費用はさほど変わらず、祭壇の飾りつけが価格を大きく左右します。また、祭壇を飾ることで、スペース的に自宅でのセレモニーが難しい場合も多いため、式場を借りる利用料も考えなければなりません。最近では、小規模で安く借りられる「家族葬専用式場」も出てきていますので、「どこにどんな式場があって、利用料はいくらか」をしっかり調べておきましょう。大きな式場に少人数の参列者というのは、あなたが想像する以上にご家族が寂しい思いをするものですよ。

◇あなたの希望を実現するためのワンポイントアドバイス

事前の情報収集が費用の明暗を分けるので、情報アンテナを張って式場や葬儀社の情報をこまめに調査しましょう。

◆ 家族葬～密葬(祭壇あり・式場葬) データの一例

※別途お布施が必要です。

	項　目	単　価	数量	税込み金額	備　考
葬儀社に支払う葬儀費用	祭壇一式	300,000	―	315,000	白木祭壇の飾りつけ一式
	生花飾り	100,000	―	105,000	白木祭壇に生花で飾り付けを加えた場合
	棺	70,000	1	73,500	桐の合板を選んだ場合
	骨壷	13,200	1	13,860	白色陶器製・箱・覆い付き
	ドライアイス	8,000	3	25,200	死亡日から2泊で火葬の場合(処置料込み)
	遺影写真	30,000	1	31,500	カラー四つ切サイズ
	諸経費	80,000	―	84,000	人件費など。葬儀社による
	後飾り祭壇	20,000	1	21,000	枕飾りを兼ねる
	白木位牌	5,000	1	5,250	火葬時までに戒名を授かる場合
葬儀社立替の実費費用	寝台車	16,500	10km ×2	34,650	病院～自宅、自宅～式場
	霊柩車	30,000	10km	31,500	式場～火葬場
	式場利用料	50,000	―	52,500	公営の小式場を利用(民営は20万円前後)
	火葬料金	12,000	―	12,600	公営火葬場の例(民営火葬場は5万円前後)
	待合室利用料	5,000	―	5,250	公営火葬場の例(民営火葬場は2万円前後)
	返礼品(お茶と礼状)	800	20	16,800	会葬御礼品のみ。香典返しは後日用意
	飲食の概算	150,000	―	157,500	通夜振舞い・精進落しの飲食を中ランクで
	火葬待合中の飲食	5,000	―	5,250	お茶やビールなど飲食した分のみ概算
	合　計			990,360	

《Dタイプのあなたのお葬式相場は、100~150万円+お布施です》

通夜・告別式を、中・小規模ながらも従来どおりのスタイルで行いたいのですね。

体裁を保ちつつ、ゆったりとお別れができるということで、多くの方がこのタイプでお葬式を行っています。「密葬だから親族以外は呼ばない」と厳密に決めるのではなく、親しかった友人やご近所などからの参列も受け入れられるよう、返礼品や飲食などにもゆとりを持って対応できるようにしておくことで、外部の方への配慮という面でも世間体が保たれます。

価格を左右するポイントは人数の把握と祭壇の飾りつけです。祭壇は上を見ればきりがありませんので、質素でいいと決めたのならば、感情に流されないように依頼しなければなりません。また、とくに密葬以外の一般葬の場合は訃報連絡が予想以上に広まり、人数が予定オーバーにならないよう、訃報の通知先をしっかり考えておきましょう。

◇あなたの希望を実現するためのワンポイントアドバイス

訃報の際は「少人数で行いますので、他の方への連絡はお控えください」と家族が伝えられるように指示を残しておき、規模が大きくなりすぎないよう、準備しておきましょう。

◆ 小規模一般葬（親族20名十参列者50名）データの一例

※別途お布施が必要です。

	項目	単価	数量	税込み金額	備考
葬儀社に支払う葬儀費用	祭壇一式	500,000	—	525,000	生花祭壇の飾りつけ一式
	棺	100,000	1	105,000	白布張り棺を選んだ場合
	骨壷	13,200	1	13,860	白色陶器製・箱・覆い付き
	ドライアイス	8,000	4	33,600	死亡日から3泊で火葬の場合（処置料込み）
	遺影写真	30,000	1	31,500	カラー四つ切サイズ
	諸経費	100,000	—	105,000	人件費など。葬儀社による
	後飾り祭壇	20,000	1	21,000	枕飾りを兼ねる
	白木位牌	5,000	1	5,250	火葬時までに戒名を授かる場合
葬儀社立替の実費費用	寝台車	16,500	10km ×2	34,650	病院～自宅、自宅～式場
	霊柩車	0	—	0	火葬場と式場が併設のため、利用なし
	式場利用料	230,000	—	241,500	民営式場を利用（公営は5～10万円前後）
	火葬料金	50,000	—	52,500	民営火葬場の例（公営は0～2万円前後）
	待合室利用料	0	—	0	式場利用料に含まれる
	返礼品（お茶と礼状）	800	70	58,800	会葬御礼品のみ。香典返しは後日用意
	飲食の概算	250,000	—	262,500	通夜振舞い・精進落しの飲食を中ランクで
	火葬待合中の飲食	5,000	—	5,250	お茶やビールなど飲食した分のみ概算
合計				1,495,410	

《**Eタイプ**のあなたのお葬式相場は、２００～２５０万円＋お布施です》

参列者がある程度多いことが予想される中で、あまり費用をかけないながらも来ていただいた方々に恥ずかしくないようなスタイルを希望されているのですね。

まずは大まかでも結構ですので、「親族が20名と、参列者は多くても１５０名」など、参列者の人数を予想しましょう。次に、その人数に対応できる式場はどのくらいの利用料がかかり、そこに飾る祭壇の大きさや価格はどの程度かを、インターネットで調べたり葬儀社に問い合わせたりしながら把握します。ここまでできれば、あとは葬儀社を２～３社ほど比較して、価格設定が抑えてある葬儀社を選べば、費用を抑えることができますよ。

◇あなたの希望を実現するためのワンポイントアドバイス

葬儀社によって、基本の価格設定が大きく異なります。まずは見積りを取って比べてみることから始めましょう。

◆ 中規模一般葬（親族20名＋参列者130名）データの一例

※別途お布施が必要です。

	項目	単価	数量	税込み金額	備考
葬儀社に支払う葬儀費用	祭壇一式	700,000	―	735,000	生花祭壇の飾りつけ一式
	生花飾り	100,000	―	105,000	白布張り棺を選んだ場合
	棺	70,000	1	73,500	桐の合板を選んだ場合
	骨壷	10,000	1	10,500	白色陶器製・箱・覆い付き
	ドライアイス	8,000	1	8,400	遺体を冷蔵保管したため、通夜当日分のみ
	遺影写真	30,000	1	31,500	カラー四つ切サイズ
	諸経費	100,000	―	105,000	人件費など。葬儀社による
	後飾り祭壇	20,000	1	21,000	枕飾りを兼ねる
	白木位牌	5,000	1	5,250	火葬時までに戒名を授かる場合
葬儀社立替の実費費用	寝台車	16,500	10km	17,325	病院～式場へ直接、安置した場合
	霊柩車	30,000	10km	31,500	式場～火葬場
	保管費用	7,000	3	22,050	式場の冷蔵庫で3泊安置
	式場料金	300,000	―	315,000	民営式場を利用（公営は5～10万円前後）
	火葬料金	16,200	―	17,010	民営火葬場の例（公営は0～2万円前後）
	待合室利用料	10,800	―	11,340	公営火葬場の例（民営火葬場は2万円前後）
	会葬御礼品 香典返し	2,500	150	393,750	会葬御礼品と香典返し（即返し）
	飲食の概算	450,000	―	472,500	通夜振舞い・精進落しの飲食を中ランクで
	火葬待合中の飲食	8,000	―	8,400	お茶やビールなど飲食した分のみ概算
	合計			2,384,025	

《Fタイプのあなたのお葬式相場は、270～350万円＋お布施です》

たくさんの人に見送られながら、華やかにお別れをしたいのですね。

大規模で立派なお葬式は、どうしても費用がかさんでしまいますが、天井知らずと思われがちな大規模葬も、やり方次第で華やかな印象はそのままに、費用を抑えることは十分に可能です。とくに大きなウェイトを占める祭壇は、断然「花祭壇」がおすすめです。交友関係が広いあなたは、供花を贈ってくれる方も多いのでは？　この供花代を花祭壇の料金に相殺（組み込み）すれば、華やかかつ費用を抑えたお葬式が実現します。

また、香典収入もある程度の額が予想できますので、「予想人数×7千円÷2」の式で、実質的な収入を計算し、持ち出し額を把握しておくことも、予算オーバーを防ぐためには大切です。

◇あなたの希望を実現するためのワンポイントアドバイス

とはいっても、葬儀の費用は天井知らず。予算をしっかり立てることが大切です。また、葬儀社によっては供花代を相殺できないところもあるので、必ず確認しましょう。

◆ 大規模一般葬（親族30名＋参列者170名）データの一例

※別途お布施が必要です。

	項目	単価	数量	税込み金額	備考
葬儀社に支払う葬儀費用	祭壇一式	800,000	―	840,000	生花祭壇の飾りつけ一式
	棺	150,000	1	157,500	高級布張り棺を選んだ場合
	骨壷	35,000	1	36,750	高級陶器製・箱・覆い付き
	ドライアイス	8,000	4	33,600	死亡日から3泊で火葬の場合（処置料込み）
	遺影写真	30,000	1	31,500	カラー四つ切サイズ
	諸経費	150,000	―	157,500	人件費など。葬儀社による
	後飾り祭壇	20,000	1	21,000	枕飾りを兼ねる
	白木位牌	5,000	1	5,250	火葬時までに戒名を授かる場合
葬儀社立替の実費費用	寝台車	16,500	10km×2	34,650	病院～自宅、自宅～式場
	霊柩車	0	―	0	火葬場と式場が併設のため、利用なし
	式場料金	400,000	―	420,000	民営式場を利用（公営は5～10万円前後）
	火葬料金	100,000	―	105,000	民営火葬場の例（公営は0～2万円前後）
	待合室利用料	0	―	0	式場利用料に含まれる
	会葬御礼品 香典返し	3,000	200	630,000	会葬御礼品と香典返し（即返し）
	飲食の概算	480,000	―	504,000	通夜振舞い・精進落しの飲食を中ランクで
	火葬待合中の飲食	8,000	―	8,400	お茶やビールなど飲食した分のみ概算
合計				2,985,150	

［コラム１］

母の死……そして、人生最後のセレモニー

私の母が他界したのは、2007年11月16日のことでした。

42歳の時に脳溢血で倒れ、右半身のマヒと言語障害という逆境の中、懸命なリハビリで一時は歩けるまで回復しましたが、以前から悪かった腎臓が悪化し、人工透析の末、カテーテルから入ってしまった菌が原因で、61歳の命を終えることになりました。

父からのメール

10月末のその日、私は出張で長野県にいました。その夜、父から携帯電話にメールが入ります。文面は、「ママが危ない。会えるうちに会いに来なさい」というものでした（こんな大変な連絡は、メールじゃなくて電話でほしいものです）。

からだ中の血が一気に頭にのぼって、すぐにサーッと冷えながら下がっていくような感覚。ひざの力がガクガクと抜けていきました。しかし、あまりに急な知らせのため、現実味がないというか、かえって冷静になってしまったせいなのか、その時に感じたのは、「ご相談者はみんな、こんな気持ちを越えてきた方々なのだ……」という、ポカンとした実感でした。

気を取り直して、すぐに折り返し電話を入れたところ、「人工透析のカテーテルから菌

が入ったらしい。でも、今すぐどうということはなく、さっきまで起きていた」ということでしたので、とりあえず少し安心して、翌日の午後一番で神奈川県川崎市の病院へ向かうことにしました。

翌日、軽井沢駅から新幹線に乗って東京へ向かう途中、父から「人工呼吸器につなげることになった。早く来なさい」とのメールが。気は焦るけれども、新幹線がスピードアップするわけもなく、ただただ、最悪の事態にならないことだけを祈りながら向かいました。

病院へ到着すると、母は病室からナースセンターに隣接する特別室（高級という意味ではなく）に移され、いろいろな機械へつながれて、すでに意識不明でしたが、命があることに心からホッとしました。しかし、ほんの4日前にお見舞いに来た時には、透析中ということで会うことはできなかったけれども、ここまでではなかったはず。こんなことになるなら、無理にでも顔を見せてもらって、手ぐらい握ればよかった。不安で腹立たしくて、悲しく複雑な気持ちでしたが、とにかく、主治医からの説明を待つことにしました。

主治医からの宣告

主治医からは、

・今の状況は危篤といっていいような状況だということ。
・病状の説明（ナントカ敗血症＋血小板がどうのこうの……頭に入りませんでした）。
・心臓の弁に菌床ができてしまい、治療したくても体力がない（手術も同じく）。

・通常の透析をすると血圧が下がり危ないので、24時間透析に切り替えるが、血小板が減少するとそれもストップすること（毒素はたまる一方）。

等を説明され、そして、「いざという時の延命措置をどうするか（心臓マッサージは何分行うか等）」も考えておいてほしいと言われました。

私は初め病院で何かミスがあったのでは？　と疑ったのですが、父の話では「菌が入るリスクは日常的にあったため、家でのことかもしれないし、透析病院でのことかもしれない。結局はどこであろうと仕方がない」とのこと。少なくとも、この病院の医療体制や看護師の皆さんは最高でしたし、私も納得することにしました。しかし、回復がとても難しいことだけは明白。誰も口には出さないものの、

「もしかしたら死んでしまうかもしれない」

この事実が、家族の中にドローッと横たわっているのを感じました。

どうすることもできないけれども、帰るに帰れず、人工呼吸器に交互に点滅する「自発呼吸」ランプと「強制呼吸」ランプを眺めて、「さっきよりも自発が多くなっているんじゃない？」だとか、「ママ！　頑張って自分で呼吸しなきゃ！　ほら息して！」と、家族で呼びかけながら過ごしました。

母は夢でも見ているのか、たまにまぶたの奥で目が「キョロッ」と動くので、それを見て喜んだり、まだ大丈夫そうだと気を休めてみたり。母はただ生きているだけでも、私たち家族の支えになってくれていました。

葬儀の事前準備と思わぬ効果

しかし、病院から宣告を受けた以上は考えなければなりません。私の独断で、葬儀の見積りを依頼することにしました。依頼の際に伝えたのは、

・母の状況。
・密葬になるか、一般葬になるかが不明のため、両方のパターンで見積もってほしいこと。
・花祭壇を希望すること。
・川崎市の公営斎場を利用したいこと。
・万が一の際は、自宅安置を希望すること。
・費用はできるだけ抑え、持ち出し（請求額マイナス香典額）を50万円～70万円以内にしたいこと。

見積り依頼の電話を終えると、急に母の死に現実味が湧いてきて少し泣きましたが、同時に「私がしっかりしなければ」と、胆が据わったのも事実でした。

そして、見積りを取ったことで、いざという時に必要な具体的費用がしっかりと認識でき、そのあとは葬儀のことをあれこれ考えなくて済むようになったのです。

「最悪の場合、母は亡くなるかもしれないし、何事もなかったかのように回復するかもしれない。でも、これで葬儀のことをぐるぐると考えずにお見舞いに来ることができる」と、思えたのです。

葬儀の見積りを取ることで、確実にメンタルな部分が変わりました。病気には直接関係

のない「葬儀への不安」（いくらかかるか、万一の際はどのように動けば良いかなど）を取り除けたおかげで、それからは母のことだけに集中できたのです。

これに関しては、今までのご相談者の皆さんから同じ感想をいただいていたので、頭では「そういうものだ」と理解していましたが、実際に自分で母の見積りを取ったことで、予想以上の大きな効果を実感しました。考えたくもない葬儀への不安を解消してくれたのは、他でもない「葬儀そのものの準備」だったのです。

しかし、この事前準備に関しての具体的な内容は、父をはじめ家族には一切伝えませんでした。父は、ふとした時に「いざという時は頼むな」と言ってみたり、しばらくすると「葬式のことなんか考えたくもないよ！」と、急に言い出して怒ってみたりと、ものすごい葛藤の中にいたようです。妹も何も感じていないように平静を装っていましたが、父と同じようなものだったと思います。母の介護をしながらの生活だった父と妹は、独立して別に暮らしていた私よりも、より葛藤が大きかったのだと思います。そんな家族の姿を見ると、「葬儀」なんて禁句中の禁句。絶対に見積りなんて見せられないな……と思い、結局、最後まで事前準備の件は伏せておくことにしました。

その後、数日おきに「いよいよ危ない」という状況に陥りつつ、主治医も驚くほどの粘り強さで母は何度も持ちこたえます。ある時は早朝、父からの「急いで病院へ来い！」との電話で飛んでいったら、駆け込んだ病室で、父と妹がのんびり新聞を読んでいることもありました。私がタクシーで駆けつけている間に持ち直したそうです。（電話しろ！）

その日……

そうやって、三歩進んでは三歩半下がるような日々が続きました。

病院は最新の技術を惜しみなく総動員してくれ、時には特殊な血小板を、日本赤十字社に無理を言い大量に取り寄せてくれたりしました。看護師さんも意識の有無に関係なく、いつもどおり話しかけてくれます。

本当に悪運の強い母です。意識が戻らないながらも、10月末のあの日から、なんと3週間も持ちこたえるのですから。

そして、11月16日がやってきました……。

その日の早朝、5時ごろだったでしょうか。父からの電話が。

早朝で父も寝起きですから「病院から呼ばれているからすぐ来てくれ」と、一言だけの電話でした。こういうことは、今までも何度かあり、これまでは私が到着したときには容態が安定していることばかりでしたので、今回も無線タクシーが来るまでの間、病室で読む本を選んでいたくらい、何の緊迫感もありませんでした。

病院にあと15分ほどで着くころ、珍しく妹から電話が。電話に出ると、表情のない声で「あ、私だけど。もう急がなくていいから」と。私も、「分かった」とだけ言い、電話を切りました。頭では「ママが死んだ」と理解できましたが、実感がわかず、とりあえず病室に向かいました。

病室へ到着するとすべての機械は外され、母はどう見ても亡くなっていました。よくご遺体を「まるで寝ているようだ」と言いますが、母は明らかに死んでしまっていました。

そばへ寄り、まだ少し温かい母のおでこに手を置いて、「よく頑張ったね。偉かったね」と、声をかけて初めて、涙がポロポロと出てきました。妹も隣に来て、「ホント、こんなに頑張ってすごいママだよ」と言い、ポロポロと泣いていました。父は病室の外でじっと座っていました。

このあとどうするの？

看護師さんが処置をするとのことで、病室の外に出ると父と妹から、「このあとどうするの？」と聞かれました。

「今、処置をしてもらっているから、それが済んだら葬儀社さんに迎えに来てもらって、家に連れて帰るんだよ。その後、お葬式の打ち合せをするんだけど、大まかな見積りは取ってあるから、その確認だけで大丈夫だから。ところで、ママを寝かせてあげられるスペースはある？」

ここで妹が「やばい、ない……片付けなくちゃ」と、爆弾発言。

「じゃあ、今すぐ帰って片付け始めないと間に合わないよね……」ということを話しているうちに、主治医からの話があると言われ別室に移動しました。

先生から今回は本当に残念だったこと、驚いてしまうくらいの頑張りを見せてくれて嬉しかったこと、治療の報告などのお話があり、最後に「長いあいだ頑張って、職員たちに声をかけて癒し続けてくれた千恵さん（母）ですから、こんなことを本当は言いたくないのですが……、大学病院という性質上、お伝えするのが決まりになっていて……、今後の医学の発展のために、調べさせていただけないでしょうか」と、目を真っ赤にしながら、本当に言いづらそうに解剖の打診を受けました。少し迷いましたが、私たち家族も、母の本当の死亡原因を知っておきたかったですし、何十年もお世話になった病院でしたから、母なら調べてもらいたいと言うだろうということで、承諾することにしました……。母を連れて帰る準備の時間ができたのもありがたかったですし。

この時点でだいたい午前10時くらいだったと思います。解剖の終わる予定が16時。ここで私から葬儀社さんに電話をかけ、母が亡くなったこと、解剖に入るため16時に病院へ迎えに来てほしいこと、搬送先の実家の住所、この3つを伝えました。

事前に相談してあったため、この電話一本で動いてもらえ、精神的にもかなり楽でした。もし、この時点から葬儀社を探して、要望を伝え、見積りを取り、対応の良かったところにお願いするということになったとしたら、強いストレスを感じたのではないかと思います。これだけでも、事前に準備していて良かったと思えました。

解剖の終わる16時までの間、実家に帰り、母を迎える準備をすることにして、いったん病院を後にしました。

実家で部屋を片付けているうちに母を迎えに行く時間となり、伯母に留守番を頼んで病院に向かいました。病院に着くと、母は病室に戻ってきていて、私たちの到着を待っていました。これから霊安室に移動するということで、白衣を着た病院付きの葬儀社さんがストレッチャーを持って来ました。「葬儀社はもうお決まりですか?」と聞くので、「はい。外まで迎えに来てもらっています」と答えるやり取りがあり、霊安室に向かいました。

霊安室に着くとお線香をあげるように促され、言われたとおりに手向けましたが、考えてみれば、ここで初めて母にお線香を手向けるのです。それは、亡くなったという事実をあらためて実感することになり、朝以来の涙が出ました。妹や父もそうだったようです。そのあと、主治医と医療チームの先生、病棟の看護師の皆さんに見送られて退院し、家に着きました。

母の帰宅

家に着くと、まずは母を布団に寝かせてあげて、ドライアイスで保全処置をしてもらいました。そして「ママにビールを飲ませてあげたいなぁ」という父の言葉がきっかけで、「末期《まつご》の水」ならぬ〝末期のビール〟をすることになり、綿にビールをしみ込ませ、一人ずつ母の唇に付けてあげました。その後、枕飾り(小机のようなもの)に仏具とご飯、お水、お花などを供え、一人ひとりお線香を手向けてから、葬儀社と打ち合わせをすることになりました。

社交的で顔の広い母でしたから、来ていただける方には皆さんにお越しいただきたいと、密葬ではなく300名規模の予想で話を進めました。また、以前から式場の希望として

「川崎市の市営斎場」をお願いしていましたので、空き状況を確認してもらったところ、お通夜まで最短で6日待ちの11月22日ということに。その待ち日数に少し驚き迷いましたが、告別式が23日の祝日でしたから、参列者の方々の都合もつけやすいかもしれないと、その日程でお願いすることにしました。ただ、お通夜までの6日間自宅で安置すると、父が疲れてしまうのが心配だったこともあり、母には3日過ぎたところで、式場の安置施設に移ってもらうことにしました。

この日、一番良かったことは、母のメイクをプロ（死化粧師）にお願いしたということ。母はおしゃれが好きだったので、プロのメイクさんに家まで来てもらったのです。これが本当にお願いして良かった！と、大満足で、もう見違えるほど。病気疲れがまったく消えてしまったのです。顔はふっくらとして自然な肌色で、目は穏やかに閉じ、まつげも綺麗に整って、口もなんだか微笑んでいるよう、髪の毛も自然に。

メイクが終わり、家族で部屋に入って母を見た時、「わぁ〜、きれい！」「すげぇな！」「若くなったね」と、ちょっとした感動の出来事で、家族一同とても癒されました。病院でもうっすらとファンデーションと口紅をつけてもらっていたのですが、プロの仕事はまったく違ったのです。

この日の打ち合わせはここまで。普通であれば、亡くなった当日のうちに、お葬式の内容すべてを打ち合わせて決めなくてはならないのですが、私たちの場合は時間が余るほどありましたから、葬儀社さんも詳しい内容の打ち合わせは明日以降ということにしてくれました。ですから、その日のうちに決めたのは、式場の場所・日程と時間・式場の安置施設に移動する日時・参列者の規模、たったのこれだけ。概要は事前見積りの段階で分かっていたとはいえ、これは気持ち的にとても助かりました。だって、この時点でもう夕方すぎ。家族全員、朝から何も食べていなかったですし、もう疲れてしまって、気持ちが切れてしまいそうでしたから。

明日、決めることのリストと、通夜振る舞いなどのカタログを置いていってもらって、ここで長かった一日もひと段落。弔問に来てくれた母の友人と一緒に、母の隣でビールを飲みながら過ごしました。

お通夜までの6日間と、葬儀で感じた温かさ

お通夜まで6日間も空いてしまいましたが、後になってみると、この6日間がとても貴重で、時間があって良かったと思えることがたくさんあったのです。

まず、スライドショーで上映する予定の母の写真がゆっくり選べました。私たち姉妹が生まれる前の写真も引っ張り出してきて、一枚一枚、父からの解説付きで選ぶことができました。日数に余裕がなければ、遺影写真一枚選ぶのでも精一杯です。

また、思い出コーナーに飾りたい陶芸作品や、母が趣味で書きためていた料理のレシピ集などもじっくり選べました。この思い出コーナーのディスプレイは、妹が中心に頑張っていました。

ＢＧＭは父の希望だった、オルゴール音で奏でたスタジオジブリ映画の曲。曲を探す時間もゆっくりありましたし、各所への訃報通知もスムーズに余裕をもって行えました。

私たちは、お通夜までの間、慌ただしいと思うことがひとつもありませんでした。そして、家族全員が母の葬儀に「参加」していましたので、「こうしなければならない」というお葬式の常識や、葬儀社の押し付けからは解き放たれ、自分たちの意思で思いっきり見送るのだという決意で前向きにお葬式に臨めたのです。

葬儀当日は、母の友人だけでなく、私の友人や何年も不義理をしてしまっていた方々までも駆けつけてくださり、そのありがたさからも涙があふれました。母が亡くなった時、まるで一人ぼっちになってしまったような感覚があったのですが、皆さんの顔を見ると、「そんなことないよ」と言ってもらえたような、温かい気持ちになることができました。妹も、友人たちが多数集まってくれて、なかにはお焼香もきっと初めてであろう小さなお子さんまでもが一生懸命参列してくれたので、とても嬉しかったようです。これは、母が最後に私たち家族へプレゼントしてくれたものだと思えました。

人生の終着駅

懸命な闘病をして亡くなっていった私の母の最期は、いま思い返してみても「果たして、本当にあそこまで頑張らせなければいけなかったのか」という気持ちが頭をもたげてしまうもので、決して安らかなものではありませんでした。

もしかすると「延命だろうが何だろうが、一日でも長く生きていてほしい」という思いは、私たち家族のわがままだったのかもしれませんが、その答えは分かりません。

最期まで治療を続けることと、ターミナルケアで過ごすこと、どちらが良いかなんていうことはそれぞれの人生観の問題ですし、決めつけてはならないことだと思いますが、私は、ビールを飲んで美味しそうに笑う母の無邪気な笑顔が、最後に見たかったような気がするのです。

この本を読んでいただいているあなたにも、いつかは旅立つ日がやってきます。いつかやってくるその時、あなたのご家族が後悔を持たないよう、意思表示をしておいてあげてほしいのです。お葬式の要望を伝えておくだけでもいいですし、もっと具体的に、葬儀社から見積りを取り、お葬式の内容すべてをご自身で決めておいてもいいのです。

あなたが旅立った時、あなたが残したお葬式への希望や終活の足跡が、大切なご家族を後悔から救ってあげられる特効薬なのです。この本がきっかけで、あなたに終活への一歩を踏み出していただけたら、こんなに嬉しいことはありません。

第4章
納骨と供養を人任せにはできないあなたへ

お墓の種類と特徴、そしてお墓にかかるお金

お墓といえば、墓地に墓石が建っているイメージをもたれる方が多いかもしれませんが、現代のお墓事情は「お墓を建てる」場合と「お墓を建てない」場合に分かれています。まるで家を買う時の「一戸建てを建てるか、マンションを買うか」の選択に似ていますね。

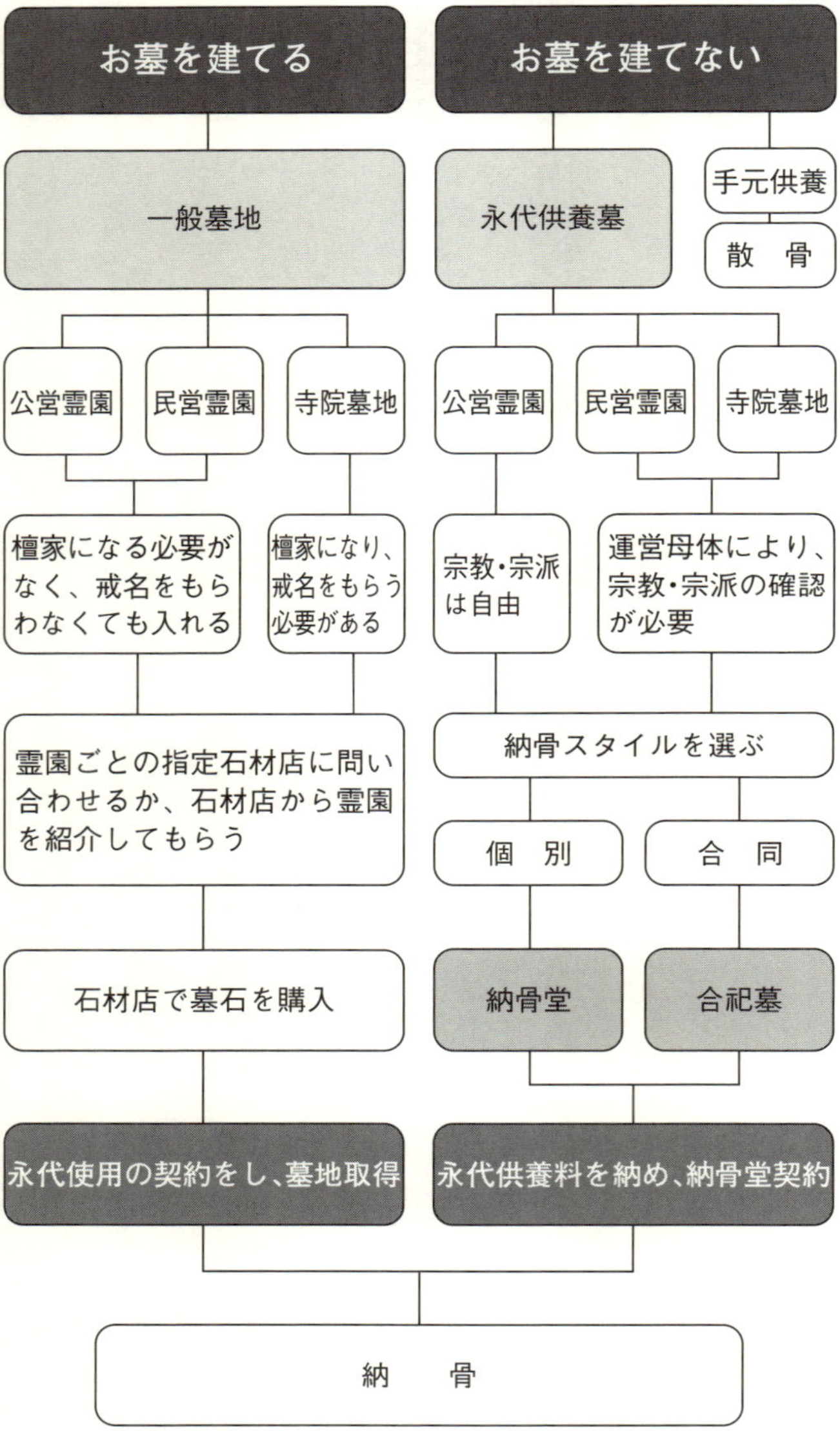

右の図にあるように、墓は大きく分けると「一般墓地」と「永代供養墓」に分かれ、さらに永代供養墓は、「納骨堂」と「合祀墓《ごうしばか》」に分けられます。あなた自身が入るお墓。どのようなところを選べばよいのか、それぞれの特徴と相場価格を見ていきましょう。

オーソドックスな日本のお墓　～一般墓地～

私たちはよく「お墓を買う」という言い方をしますが、お墓の場合、家の土地などとは違い、土地を買うのではありません。お墓として使用するための土地を無期限に借りられるように、永代使用料を払うことで「無期限の使用権」を買っているのです。つまり、お墓を買うといっても、そこがあなたの土地になるのではなく、土地の所有者はお寺や霊園のままということになります。ですから、仮に「代が自分で途絶える」などの理由で、使用しなくなったからといっても、そのお墓を売ることはできません。そして、お墓が不要になったり、お墓を移すことになったりして、その墓地がいらなくなったとしても、最初に払った永代使用料は返ってこないのです。

また、お墓をずっと使用していくためには、管理費を納入し続ける必要があります。多くの霊園・墓地では、管理費が3年、10年など一定期間払い込まれない場合は、「無縁墓」とみなし、お墓自体を撤去する決まりの場合が多いからです（墓地の利用規則などに明記してあります）。ということは、あなたが入った後は遺された誰かが、毎年管理費を払いながらそのお墓を守っていくという前提で、お墓の使用権が継続されるという考え方だといえます。

一般墓地の購入時にかかる費用は、おもに「墓石費用・永代使用料・管理費」の3つで決まります。

他にも寺院や墓地の場合は、寄付やお礼などを払わないといけない場合もあります。

まず、墓地の永代使用料は、立地や施設の開発費によって変わりますので、「都会にある立派なお墓ほど高い」のです。さらに言えば、下の表で分かるように、都市部ほど「狭くて高い」という、家の価格と同じ現象になっていることがよく分かります。東京23区と東京郊外とを比べてみても、倍の広さが約3割引で買えるということになるのです。

そして、土地の上に建てる墓石ですが、国産か外国産かという石材産地や、使う石の量（大きな墓石ほど高い）、加工費（細かな細工があるほど高い）、施工費（広い霊園よりも、狭い寺院墓地などの方が高い）によっても変わります。石の産地が同じでも、石の等級によって価格が違い、なかには1千万円を超える庵治石《あじいし》などのブランド石もあります。

＜お墓の相場価格＞

地域ごとの売れ筋墓地の「広さ平均」と「墓地と墓石の平均総額」

	墓地＋墓石の総額（万円）	面積（m²）	年間管理費（円）
東京23区	305.8	0.67	15,083
東京郊外	215.7	1.46	11,504
川崎・横浜	264.6	1.09	10,911
神奈川	218.3	1.27	10,371
千葉	227.2	2.11	7,395
埼玉	217.4	1.4	7,557
大阪市内	270	0.62	永代管理費徴収式
大阪郊外	199.8	1.4	永代管理費徴収式

※（株）日本仏事ネット調べ　2008年2月調査

最後に管理費ですが、これも都市部ほど高くなるのが実状です。平均して年間1万数千円前後ですが、何十年も継続してかかる費用ですから、その差は大きいものになります。この管理費の価格も見落とさないようにしましょう。

●お墓の買い方

お墓を買う場合、二通りの方法があります。一つ目は「霊園」から決める方法です。

霊園を訪ねて、その指定石材店の案内で霊園の中を見せてもらい、気に入ったらその石材店に注文をし、契約するというやり方です。この場合、霊園は空いているところであれば自由に選ぶことができますが、公営以外の場合は、あらかじめ霊園が契約している石材店しか取り扱えないという「指定石材店」という制度があるため、いくら良心的な石材店を見つけてそこを利用したくても、その霊園に入ることができないということもあります。

二つ目は「石材店」から決める方法です。

石材店を訪ね、取引のある中から要望に近い霊園を紹介してもらい、下見をしてから注文し、契約するという方法です。まずはいろいろな石材店に問い合わせをしてみて、気に入った石材店から霊園を紹介してもらいましょう。

新聞折り込みなどをきっかけに墓地を買うケースがありますが、これは霊園が出したチラシではなく、石材店が自社の取引区画のある霊

園を販売するために出しているものですので、石材店から買っているということになります。

●石材店を選ぶ4つのポイント

▽ポイント1――施工例を見せてもらえるか

良心的な業者なら、喜んで見せてもらえるので、新しいものだけではなく、数年経過したものも見て、建てた後のことも確認を。

▽ポイント2――あなたの質問にきちんと答えられるか

プロとしての知識や技能のレベルが低い業者には注意。

▽ポイント3――所属団体や資格の有無

日本石材産業協会か、全優石の加盟石材店ならほぼ安心だが、念のため他の3項目もしっかりチェック。また、担当者がお墓ディレクター資格や、職人が石工技能士資格を持っているかも確認。

▽ポイント4――保障の有無

保障期間や保障内容があいまいな場合があるので、地震が起きたらどうなるのかなどしっかり確認。

●激安「墓」の落とし穴

お墓のことをよく知らない場合、石材店の店頭でサンプルを見ながらその場で決めてしまうこともよくありますが、これはちょっと危ない契約方法。なぜなら、石材店の技術力は写真からでは分かりづらく、石の継ぎ目や基礎工事など、実際に見なければ分からないことも多いからです。

また、霊園の日当たりや水はけも重要なチェックポイントですから、石材店を決める前に必ず霊園まで足を運び、施工例をいくつか見せてもらいましょう。技術に自信があり、良心的な石材店なら、「どうぞどれでも見てください」と、喜んで案内してくれます。

さらに、現地見学で大切なのは、古い施工例も見せてもらうこと。新築の時は立派でも、5年もたてば石の隙間が開いたり、基礎が傾いたりと、技術の良し悪しが一目瞭然です。

石材店の中には、価格破壊をうたっている激安石材店も増えてきています。でも、安いからといって飛びつく前に一呼吸。慎重に他店と比較した方が良いのです。実は墓石代には「石代」と「工事費」が含まれていて、そのうちの石代には業界相場が決まっているため、仕入れ値はどの石材店もほぼ同じ。ということは、工事の質を落としてコストダウンしている可能性があります。基礎工事のセメントの量を減らしたり、接着を雑に仕上げたり……。建ててすぐには分からなくても、数年で傾いてしまうといったトラブルも起きているそうです。大きな地震のあとの墓地で、傾いたり倒れたりしているお墓と、ビクともしないお墓があるのは、多くが「工事技術の差」という話です。

また、セット価格で「完成墓地・石付総額」となっているのをよく見かけますが、たとえば同じ霊園の他の区画よりも大幅に安い場合は要注意です。水はけが極端に悪かったり、入り口からかなり歩かないといけない場所だったりと、何らかの〝訳あり〟の可能性もあるので、必ず現地を見てから決めるようにしましょう。

あなたが家やマンションを選ぶ時を思い出してみてください。良い不動産屋さんは、せかして契約を迫ったりしませんよね。それと同じで、お墓もゆっくりじっくり選ぶ方が良い物件にめぐり合えるのです。急いで決めても良いことはありません。墓地選びのチェックポイントを6つ挙げますので、これを参考にしながら納得のいくお墓を見つけましょう。

●墓地選び6つのチェックポイント

▽ポイント1――立地条件

お参りに行きやすいところが一番です。たとえば、足腰が元気なうちは楽に行けるところでも、20年後はどうでしょうか。片道2時間以上かかるところでは、そう簡単にはお参りに行けません。せめて1時間半以内で行けるところが良いでしょう。

▽ポイント2――宗教・宗派

公営霊園ならばまず問題はありませんが、気に入った霊園や墓地があっても、宗教や宗派が違うと受け入れない霊園があります。また、寺院墓地は、一般的に檀家になることが基本ですので、その寺院の宗教の信徒であることが必要です。

▽ポイント3――価格

お墓の購入費は、墓石代、永代使用料、年間管理料が必要です。その総額を把握したうえで、予算を考えましょう。

▽ポイント4――設備

霊園や墓地の設備としてや駐車場、水道施設は最低限備わっていてもらいたいものです。その他に、法要施設、送迎バス、休憩所、生花・線香を売る売店などがあればさらに充実しているといえるでしょう。バリアフリーになっているかどうかも、これからの墓地選びには重要です。

▽ポイント5――環境

日当たりが良く、風通し、水はけの良いところがベストです。とくに水はけは、納骨室が地下にあるお墓の場合、納骨された遺骨が清浄な状態に保たれるかどうかに関わりますので、雨の翌日に行ってみるなど、十分チェックしたいものです。

▽ポイント6――管理

墓地の運営や管理体制も重要です。墓地の掃除は行き届いているか・墓参道具の整理整頓はされているか・植え込みや芝の手入れ・係員の対応など、細かいところをチェックしておきましょう。

一代限り「永代供養墓」

これまでお墓は「子孫が代々継いでいくもの」と考えられてきました。戦前の法律では、墓地継承者の男子が全財産を相続できるようになっていたため、家を途絶えさせないためには養子を迎えてでも継承し続けられてきたのです。しかし、現在では法律も変わり、みんなが平等。「無理して墓地を継承するなんてナンセンス」なんていう考えの人も増えてきています。さらには、少子化や未婚者の増加にともなって、墓地を継承してもらう子どもがいなかったり、子どもがいても嫁いでいくのが女の子だったりと、様々な理由でお墓を承継していくことを希望しない人が増えてきました。その要望に合わせた納骨スタイルとして、継承者を必要としないお墓「永代供養墓」が誕生しました。

実は、この永代供養墓というシステムが本格的に広まってから、まだ20年もたっていません。1993年に神奈川県で公営霊園に合葬式の永代供養墓ができたのが、日本で初めての永代供養墓といわれています。それから少しずつ各地の霊園で増えてきて、あと数年で全国の永代供養墓は500件を超えると考えられています。

＜永代供養墓のタイプ＞

永代供養墓は、納骨の方法と形で分けると、大きく2つのタイプがあります。

(1) 屋内に納骨のためのスペースをコインロッカー式や仏壇式に区切られたタイプ

一般的に納骨堂・霊廟《れいびょう》と呼ばれている。納骨堂型（コインロッカータイプに代表される、納骨スペースのみのタイプ）、棚型（棚にお骨壷がずらっと並ぶタイプ）、仏壇型（お位牌とご遺骨を別々に納めるスペースがあり、お仏壇が並んでいるような高級なタイプ）などに分けられる。

(2) それぞれの遺骨を区別せず、骨壷から出して共同で納骨するタイプ

上部に記念碑や仏像などを建てることが多い。一般的に合祀墓《ごうしばか》、合葬墓《がっそうばか》と呼ばれている。

家のタイプに置き換えると、納骨堂はマンションタイプ、合祀墓は長屋タイプというところでしょうか。

＜永代供養墓の価格はおいくら？＞

公営霊園に併設された永代供養の合葬墓から、一等地にある寺院の霊廟まで、いろいろな種類の永代供養墓があります。供養の期間や供養の仕方、納骨の方法や施設などに違いがあるため、価格も10万円を切るものから400万円

※仏壇式タイプの納骨堂

を超えるタイプまで、非常にさまざまな価格で提供されています。平均の相場は、30万円～50万円くらいです。

数多くのバリエーションがある永代供養墓を選ぶ際には、必ず現地を訪れ、あなたが永代に供養してもらうのにふさわしい雰囲気かどうか、しっかりと検討しましょう。

永代供養墓を選ぶ際に必要なポイントを5つまとめましたので、これに当てはめて検討することをおすすめします。

●永代供養墓選びの5つのポイント

▽ポイント1――納骨の方法

納骨が他のお骨と一緒なのか、個別なのかは、永代供養墓選びで最も重要なポイントです。個人が判別できる状態で手を合わせてもらいたい時は、納骨堂や霊廟タイプを選びましょう。

▽ポイント2――供養の方法

「宗教・宗派自由」となっていても、納骨施設を持っているのがお寺の場合は、そのお寺の宗派で供養されることが多いため確認が必要です。あなたが他の宗教や宗派の場合は、供養の方法までもが自由なのかを必ず確認しましょう。

▽ポイント3――供養の期間

徳成寺　納骨堂「瀬戸の夕べ」
〒760-0017香川県高松市番町2-13-25
TEL：087-821-6348

1609年に建立された浄土真宗(大谷派)の寺院です。高松藩松平家のお抱えだったという歴史あるお寺ですが、現在は全国でも珍しいほど「開かれた寺」として地元で有名です。納骨堂「瀬戸の夕べ」は定員に達したため、2010年、新しい納骨堂「瀬戸のやすらぎ」を築かれたそうです。

ホームページ
http://www.tokujoji.com/

何年で忌上げ（供養終了）となるか。一般的には33回忌で忌上げとなることが多いのですが、施設によっては、10年で合祀されるということもありますので、「何年間個別に供養してもらえるか」を確認しましょう。

▽ポイント4――施設の利便性

比較的、交通の便が良い傾向にある永代供養墓ですが、あなたの家からの便だけではなく、これからお参りしてくれる方からも行きやすいということも大切なポイントです。その他、施設の清潔感や、設備の充実度も満足いくものかどうかを確認しましょう。

▽ポイント5――価格

永代供養墓に入る費用は、その立地や規模、納骨タイプなどによって、大きく違います。納骨から永代供養まですべてにかかる総額がいくらかかるのか、費用の発生は最初だけなのか、以後管理費が必要なのかを確認しましょう。

まだ新しい納骨スタイルといえる永代供養墓は、今なお試行錯誤しながら進化しています。その中でいくつものタイプの施設が生まれ、価格をはじめ、内容や供養の方法も多様化しているというのが現状です。供養の期間や供養の方法を見ても、それぞれの施設で違いがありますので、複数の施設を慎重に比較することが大切です。

散骨、自然葬　～自然へ還りたいあなたはここに注意～

近頃、「散骨（海洋葬）」や「樹木葬」など、自然に還ることのできる「自然葬」が注目を集めています。各地での講演でも、必ずといっていいほど質問をいただくようになってきました。

ところで、この自然葬、「葬」という字が入っているせいでしょうか、「自然の中でお葬式をすること」と思っている方が意外に多いのですが、これは大きな勘違い。自然葬とは、「納骨・供養のスタイル」であって、お葬式をすることではありません。火葬までを済ませたあと、散骨（海洋葬）ならば海へ、樹木葬ならば山へ埋葬する。というのが、「自然葬」と呼ばれているスタイルなのです。

さて、自然葬には興味があっても、疑問がたくさんあるかと思います。

散骨（海洋葬）、樹木葬とは、具体的にどんなことをするのでしょうか。費用はいくらくらいかかるのでしょうか。そして、法的には問題ないのでしょうか。新しいスタイルだけに、分からないことが多い自然葬。それぞれの内容と方法をご紹介しましょう。

●海への散骨（海洋葬）

自然葬の中でも希望者が多くポピュラーなのがこの「散骨」です。「海洋葬」とも呼ばれていて、その名の通り、海に還る目的で行うものです。しかし、興味を持っている方が多いぶん、「法的な問題はないのか」という不安の声も多く耳にします。本当のところはどうなのでしょうか。

日本には「墓地埋葬法」という法律があり、死亡後24時間は火葬してはいけないとか、遺体をほったらかしにしてはいけないといった事柄が定められていますが、実は、散骨に関しては具体的に記載されていないのです。このように、法的に定められていないことは、解釈の角度によって見解が変わるというのが常ですが、散骨に関しても、昔と今とでは解釈が変わってきています。

以前は、墓地埋葬法の第4条に「埋葬又は焼骨の埋蔵は、墓地以外の区域に、これを行ってはならない」という一文があることや、刑法第190条の「遺骨遺棄罪」にあたるとして、「散骨は違法」と解釈されていました。俳優の故・石原裕次郎さんのご遺族が当時、散骨を強く望んでいたのに、一度はあきらめなければならなかったというエピソードも残っています（後年、当初の願い通り、遺骨の一部を散骨されたと言われています）。

しかし、90年代に入って法務省から「節度を持って行うならば違法ではない」という見解が出されたことが「実質的なゴーサイン」と見なされ、広く行われるようになりました。

ただ、あくまでも見解ベースで公式な発表ではありませんので、実際のところは「違法でも合法でもない」状態ともいえますし、また、どこまでを「節度」とするかにもよりますので、まるっきり自由ではないけれど、前例を外れなければOKというのが現状です。

さて、法的な話はこれくらいにして、散骨の具体的な方法を紹介します。まず、散骨を希望する時は、クルーザーでも持っていない限り、「散骨業者」に依頼するのが一般的です。地元の散骨業者が分からなければ、葬儀社が代理店を兼ねていることが多いので、聞いてみるとよいでしょう。

散骨する遺骨は、火葬してそのままの状態ではなく、2㎜以下の「粉末状」に加工してから行うことが通例です。遺族が自分たちで加工するケースもありますが、家族のお骨を加工するのは精神的に参ってしまうという声も聞きますので、業者に依頼した方がよいでしょう。

それから、「遺骨を粉末に加工したら、どこにでも撒いていい」ということではありません。山や湖などはすべてが国やどなたかの所有地ですし、川などもどこかで生活圏に密接するため、「節度を持って行う」ということにはなりません。ですから、散骨ができる場所は「海だけ」ということになります（樹木葬については後述します）。

さらに、海といっても海岸や港から直接散骨するのではなく、ある業者は船で沖へ30〜40㎞、またある業者は桟橋などから数百メートル離れるなど、必ず船で海上に出て行われています。

ところで、散骨を映画やドラマで見ると、遺灰を豪快に撒いているシーンが描かれているので、「そういうものだ」と思われがちですが、現実はそうではありません。

というのも、船で沖に出たことがある方はイメージできると思いますが、沖合は海風が強く風向きも一定ではありません。そんな状態で撒こうものなら、風向きによっては、大切な遺骨が全部船腹に貼りついてしまうのです。これでは散骨しに行ったのか船にくっつけに行ったのか分かりませんので、実際は水溶性の紙などに包んで、静かに沈めてあげるケースが多いのです。

こうして、沖で散骨したあとは、「海図」といって海の地図にそのポイントを記してもらいましょう。これで命日などに、いつでも同じ場所へ行くことができます。

●散骨の費用

散骨の費用は散骨に立ち会うか、すべて業者に任せるのかなど、散骨方法によって異なります。

(1) 全部お任せする方法――5万円前後

自分は立ち会わず、業者にすべてを行ってもらう「全部お任せ」の方法。遺骨を業者に預け、散骨の日程や細かな場所などは業者にお任せします。散骨終了後、散骨ポイントを記した「散骨証明書」を発行してもらうのが一般的です。

(2) 数家族で相乗りする方法――10~15万円前後

数家族で船を相乗りする方法。船の大きさにもよりますが、定員15名の船の場合、スタッフを除けば、3~4家族が3名くらいずつ乗船できます。

(3) クルーザーを貸切る方法――30万円前後

家族でクルーザーをチャーターして行う方法。散骨の場所や、セレモニーなど自由度が最も高いのがこの方法です。たとえば僧侶に乗船してもらいお経をあげてもらったり、故人の好きだった音楽を流したりと、ゆっくり別れを惜しむセレモニーができます。

これらの費用のほかに、「新婚旅行をした土地から出航したい」など、出航場所にこだわりがある場合でも、船の手配さえつけばある程度は対応可能ですが、その分の出張費などが加算されます。

●散骨の生前予約

散骨は本人の希望で行われることが多いため、ほぼすべての業者で「生前予約」を受けています。

あなた自身が散骨を希望され、生前予約をする場合は、必ず「誰に散骨してもらうのか」を決めて、申し込む際に同席してもらうか、契約書にサインしてもらうなど、了解を得るようにしてください。あなたが亡くなったあとに誰かに動いてもらわなければ、散骨は実現しないのです。

●散骨の注意点

散骨の失敗例として、こんな後悔談があることを知っておいてください。

「主人が望んだとおり、お骨を全部、大好きだった海に散骨しました。家族一同で『素敵な供養になった』と喜んでいたのですが、散骨を終えてからというもの、言いようのない寂しさが付きまとうのです。何に手を合わせればいいのか、どこに向かって話しかければいいのか分からなくなってしまいました。港から手を合わせようにも、遠すぎて気持ちが届かないように思えるし、沖に出るにも費用がかかり、いまでは後悔ばかりです……」

この方のように、散骨のあとで、大きな寂しさと向き合わなければならなくなってしまい、「気持ちの拠り所がない状態」に陥ってしまうことがあるのです。

そんな後悔を抱かせないためには、遺骨をすべて散骨してしまうのではなく、一部分だけを散骨して、手元にもお骨を残す「部分散骨」を選ばれることをおすすめします。そうすることで残りの遺骨は通常通り供養できますので、お墓がある方でも安心して散骨することができますし、手元供養として近くに置いておくこともできるのです。

東日本に住んでいる方などは「お骨を分けるなんて！」と驚かれるかもしれませんが、関西の方では通常の収骨から一部分のみの「部分収骨」ですし、親族同士でお骨を分ける「分骨」も一般的に行われていますので、何も特殊な方法ではなく昔からあるスタイルなのです。

あなたが散骨をしてもらいたいと望む時は、「全部じゃなくていいから、お骨の一部分を○○の海に散骨してほしい」と、具体的に遺してあげると親切なのではないでしょうか。

［散骨のポイントまとめ］

▽違法ではないが、法律で定められているわけでもない。
▽沖合の海上で節度をもって行う（山、川、湖など、国有地・私有地・生活圏ではダメ）。
▽遺骨は2㎜以下の粉末状にする。
▽費用はお任せで5万円くらいから、船のチャーターで30万円程度まで。
▽家族の後悔を避けるため、遺骨全部ではなく、一部分だけを散骨するのがおすすめ。

●土に還りたいと願うなら（樹木葬）

「最期は土に還りたい」と希望される方は大勢いらっしゃいますが、石のお墓の下で、陶器のお骨壺に入っていては、その願いはなかなか叶えられません。そんな方のために、「樹木葬」というスタイルが出てきて、注目を集めています。

樹木葬とは、石のお墓を建てずに、お骨はそのまま土に埋め、その上に木を植樹するという埋葬方法。「墓地登録をした場所」に行われるため、法的な不安もありません。

反対に墓地登録されていない山に埋葬するのは法的にも認められていませんので、あなたが仮に「富士山に散骨したい」だとか、「母校の裏山に埋葬したい」と思ったとしても、これは実現できません。まれに、こっそり置いてきてしまうツワモノもいるそうですが、あくまでも「違法」ですので、くれぐれもご注意くださいね。

樹木葬は、1999年に岩手県のある寺院が寺の所有する山を墓地登録し、樹木葬ができるようにしたのが始まりで、以来、マスコミなどに取り上げられ、全国に広がり始めました。

基本的な考え方は通常の墓地への埋葬と同じで、ただその形だけが「石から木へ、整地された墓地から山へ」と置き換えられたものとして、従来の墓地や永代供養墓と同じ方法で供養されているのが一般的です。

●樹木葬の費用

樹木葬は、霊園が山になっただけで、普通の墓地を求めるのと同じような仕組みになっています。まずは樹木葬を行っている墓地を調べ、土地を区切った「区画」を選び、申し込みます（インターネットで『樹木葬』と検索すれば、膨大な情報が出てきます）。

価格は土地の値段と比例していて、都市部は高く、地方は安い傾向にありますが、墓石がいらないぶん、通常の墓地を新しく求める場合に比べて費用は大幅に軽減されます。相場としては、30〜70万

円くらいで、50万円前後が人気のようです。

広さは、1~2平方メートル程度が多いようですが、こちらも都心は狭く、地方は広いといった傾向にあります。

●樹木葬の生前予約

樹木葬は、始まってからまだ10年ほどですので、多くが生前予約となり、自分で場所や植樹する木の種類も決めておくことが多いようです。

墓地を求める時と違って、間に石材店が入っているわけではありませんので、樹木葬を管理しているお寺や霊園に直接問い合わせます。ただ、問い合わせをしても、詳しい資料が用意されていないこともあるため、現地に足を運んで案内してもらうのが一般的です。

●樹木葬の注意点

自然葬を考えている方の中には、「宗教に縛られたくない」というポリシーの一環で、この樹木葬を望まれる方もいらっしゃいますが、実は、樹木葬を実施している母体の多くが寺院です。

ですから、あまり調べずに申し込んでしまうと、「樹木葬を行う=そのお寺の檀家になる」ということになったり、たとえ入る時に「宗教・宗派不問」と言われていても、日々の供養はその寺院で行うようになってしまうなど、望まない方法で供養されていくことになりかねません。気になる方は、供養の方法までもが自由なのかを確認してから申し込むことが大切です。

また、あなたに跡継ぎがなく、継承しているお墓もないのであれば何の問題もないのですが、それ以外の方には注意していただきたいことがあります。

もし、あなたの家に代々の菩提寺がある場合、樹木葬を実現させることは少々やっかいです。というのも、樹木葬をするということは、代々の菩提寺にとっては、勝手にほかのお寺に納骨されたということになり、「ないがしろにされた」ということにもつながってしまうからです。そうすると、これまで納骨されてきた先祖代々のお骨をどうするかという問題が起き、さらにはあなたのお子さんがお墓に入れなくなることもあるので浅慮は禁物です。

こういう状況で樹木葬を望む場合は、代々のお骨の継承をどうするか、お子さんのお墓はどうするかということについて、菩提寺のご住職やあなたのお子さんに理解を求め、それぞれが解決してからでなければ、樹木葬を行うのは難しいといえます。

［樹木葬のポイントまとめ］

▽樹木葬とは、墓地登録した山にお骨を骨壷から出して埋葬し、そこに木を植えるもの。
▽１９９９年に岩手県の寺院が始めたのが最初で、まだ10年少々の新しいスタイル。
▽費用はその土地の価格に比例し、30～70万円前後。50万円程度の価格が人気。
▽管理母体は寺院が多いので、菩提寺がある人や宗教にこだわりがある人は要注意。

「自然葬」のメリットとデメリット

ここまで、自然葬として散骨と樹木葬をご紹介しましたが、あなたがこれらの方法を希望される場合、私からひとつだけ質問があります。

「あなたは、なぜ自然葬にしたいのですか?」

あなたがこの答えにしっかりとした理由を持っていれば、安心して自然葬をおすすめできます。でも、もしテレビで見たからとか、なんだか興味があるなどの「あいまいな理由」ならば、もう一度だけよく考えてみてほしいのです。もしかして、情報に踊らされてはいませんか?

自然葬は、多様化する要望に応えてもらえる解決方法でもありますが、その反面、まだ新しいスタイルということもあって、遺される人のことがあまり考えられていない一面もあるのです。

たとえば、遺骨を海に撒いたり、墓石を建てずに埋葬することに対して、あなたの家族に抵抗があり、強いストレスを感じるかもしれません。あるいは、歳をとってからお墓参りに行きたくなっても、沖合や山の中では無理がありますよね。

自然葬にはこういう問題があるということが、まだまだ理解の途中なのではないかと思うのです。自然葬のデメリットもちゃんと考え、「それでも自然に還りたい」と思えた場合にだけ、自然葬という方法を選ぶくらいがちょうど良いのではないでしょうか。

あなたにそのくらい強い思いがあれば、きっとご家族も後悔なく、納得しながらあなたの思いを叶えられると思うのです。

いつまでも傍にいたい……手元供養

あなたは「手元供養」という言葉を聞いたことはありますか？　遺骨の一部（またはすべて）を、手元に置いて供養していくという方法が、一般的に手元供養と呼ばれています。最愛の方の遺骨を身近に置いて手を合わせたり、身につけたりしながら故人を偲ぶ、自由なスタイルの供養の方法です。従来の形にとらわれず、その人らしいライフスタイルや供養の気持ちを自由に表現できる方法として、注目を集めています。宗教形式にとらわれずに供養することができますし、手元供養で気持ちの整理がついてから、納骨をしても良いのです。

●手元供養のケース

・散骨をした場合に、遺骨のすべてを散骨してしまうと、「気持ちの拠り所がない状態」に陥ってしまうため、一部を手元に置いて供養する。
・お墓に大部分を納骨するが、離れがたい気持ちがあって、一部を手元に置いておく。
・スペースの都合や無宗教などの理由で仏壇は置けないが、身近な形で偲びたい。
・お墓への納骨や散骨などの埋葬をせず、自宅で供養していきたい。

など理由は様々で、その方法にもアクセサリーやオブジェなどに遺骨を加工するタイプや遺骨をパウダーにして容器に納めるタイプなど

陶芸作家と相談しながら作る、フルオーダーのミニ骨壷

たくさんの種類があります。
　では、具体的な方法をいくつか紹介しましょう。

［ミニ骨壷へ納める］

　手元供養用のミニ骨壷（前ページ写真）が様々なデザインで市販されています。インテリアに合ったデザインを選び、その中に遺骨を入れて供養する方法です。フルオーダーで色や形が自由に決められる骨壷もあるので、あなた自身が将来、入りたいデザインのものを作っておくのも素敵だと思います。

［アクセサリーの中に遺骨を入れ、身につける］

　遺骨をパウダー加工にして、ペンダントの中に入れて密閉する方法です。いつでも肌身離さず身に付けることができ、デザインもシンプルなものから凝った造形のものまで多様ですので、男女問わずに身に付けることができます。

［遺骨を加工して身に付ける］

　いつでもそばに感じていたいという要望は、ペンダントの中に入れる方法と同じですが、これは遺

遺骨を納めることができるペンダント

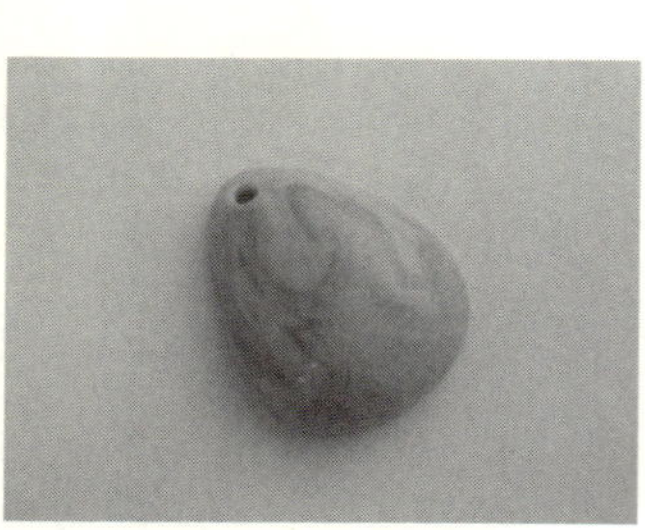
遺骨を加工したペンダントヘッド

骨自体をペンダントヘッドや指輪用、念珠タイプのブレスレットなどのアクセサリーに加工する方法です。遺骨と石英（クォーツ）などを成分として高温で溶融した後、ゆっくりと冷却して結晶を析出・成長させた結晶質の人工宝石に加工します。

置型オブジェに加工された遺骨

〔遺骨を加工し、オブジェとして手元に置く〕

加工の方法はペンダントヘッドと同じですが、置型のオブジェにして、仏壇や供養スペースに安置する方法です。巾着袋などに入れて身に付ける方もいらっしゃいます。

これらの方法のほかにも、パウダー加工をさらに細かくしてガラスポットに納める方法、プレートにして文字を刻印する方法、遺骨を人工ダイヤモンドに加工する方法など多種多様で、マスコミなどでも広く注目を集めているため、今後も新しい手元供養の方法が編み出されていくことでしょう。

では、実際に手元供養をされている方はどのような感想を持っているのでしょうか。

今回、手元供養についてのお話を伺った株式会社レイセキさんに寄せられた感想の中で、印象的だったものをご紹介します。

●お母様の遺骨をブレスレットタイプに加工された女性の感想

「私はブレスレットのおかげで、亡き母を身近に感じることができ「ここ一番！」という時に心を強く持つことができます。このブレスレットを作る前は外出先から母に電話しようとして『あっ、もういないんだ』と落ち込んだりしましたが、今は、このブレスレットを見て『一緒に来てるんだ』と思うようになりました。大切にしています」

このように、心の拠り所として悲しみを癒す効果を感じる方が多い手元供養。あなたが供養された い方法や、デザインを決めておくのも素敵な終活準備なのではないでしょうか。

取材協力

[お墓・永代供養]

株式会社日本仏事ネット　代表取締役　寺田良平氏

日本仏事ネットは、「お墓案内センター」などを運営する、お墓専門の相談機関です。センターには全国の石材店や霊園の情報があり、自分の要望に適した石材店や霊園を無料で案内してくれる心強い存在です。相談員は皆、一級お墓ディレクター資格を持っていて、小さな疑問にもしっかり答えてくれます。

相談は、インターネットまたは、
フリーダイヤル　0120-977-092まで。
相談受付は、朝10時から夕方5時まで。水曜定休。
お墓案内センター　http://www.ohaka.org
全国墓石・石材店情報　http://www.boseki.net
全国霊園・墓地情報　http://www.e-reien.net

取材協力

[手元供養]

株式会社レイセキ

メモリアルストーン（遺骨のセラミック加工）の製造販売、創造結晶石の研究開発・製造をされている専門会社で、大阪府堺市の補助事業としても認定されているそうです。取り扱っている手元供養の方法も多種多様で、その人に合った方法を選ぶことができます。全国対応されています。

ホームページhttp://www.reiseki.com/
住所：大阪府堺市堺区中向陽町1-6-1
TEL：072-228-6152

第5章

老い支度の整え方

老い支度は誰のため？

「老い支度なんてまだ早い！」

ほとんどの方がそう思っていることでしょう。まるで、老い支度を整えきったら人生が終わってしまうかのように思っている方もチラホラ。この本のタイトル『「終活」のすすめ』もそうです。まるで死ぬ準備をするように捉えてしまう方もいるかもしれません。

でも、声を大にしてお伝えしたいのですが、老い支度や終活とは、人生を終えるためにするようなものではありません。それどころか全く逆で、老い支度とはこれからの人生を過ごすにあたって、老後の不安をできるだけ少なくし、豊かな気持ちで過ごすための準備（備え）なのです。

「あなたは老後に漠然とした不安を持っていませんか？」

私にはあります。それはもうたくさん。もしも将来、脳梗塞などで体が不自由になって仕事ができなくなったら、ガンになって闘病しなければならなくなったらどうしよう。認知症になったら、お金がなくなってしまったら……。どれもこれも「絶対にない」とは言い切れないことばかりです。

それから、こういう「もしも」以外にも、老後

はのんびりと田舎で晴耕雨読の生活をして、年に一度は旅行もしたいし、たまには仕事もしたりして暮らせたら……などと、いろいろな理想も持っていますが、これもしっかり考えていかなければ、ちゃんと実現できるかは怪しいものです。

「老後はゆったりと時間を使って悠々と趣味に費やし、もしも認知症になったら家族にどうにかしてもらえるだろう……」――こんなふうに漠然と考えている方もいらっしゃるかもしれませんが、そういったことがだんだんと難しくなってきているのが、これからの超高齢化に加えて不況のダブルパンチ社会なのではないでしょうか。

ならば、何をしておくべきか……。それが老い支度であり、「終活」なのです。

具体的には、

(1) 将来の不安を具体的に考える。
(2) そうなったらどうしたいかを考える。
(3) 今のうちにできることを行動に移す。

この3ステップが基本で、それぞれを書き出してみるといいでしょう。エンディングノートなどに書くのもおすすめです（エンディングノートについては第6章でご説明します）。

たとえば、認知症になるのが不安だとしたら、

(1)［将来の具体的な不安］認知症になってしまうこと。
(2)［どうしたいか］日当たりの良い庭がある、家庭的な施設に入所したい。
(3)［行動に移す］理想の施設はどこなのか、資料を集め、費用を調べておく。

こういう内容を細かく書いていくのです。そして、取り寄せたその資料を見て、良さそうなところへは見学に行ってみる。これは「今」だからこそできることです。認知症になった後にはできないのですから、今のうちに動いておきたいですね。

また、家族に迷惑をかけたくないと思っているのなら、

(1)［具体的な不安］何が迷惑になるか具体的に。娘にお墓を守らせるのはかわいそう、など。

(2)［どうしたいか］お墓を自分の代で終わらせ、自分は永代供養墓に眠りたい。

(3)［行動に移す］納骨堂などの資料を集め、見学し、気に入ったところと契約しておく。

こうやって、具体的に「どう迷惑をかけたくないのか」を整理し、行動に移してみてください。

漠然とした不安を抱えたままにしておくのではなく、一つひとつの不安に対して「何がどう不安で、どうしたいのか」をはっきりさせておき、もしもの時の対策を練っておくだけでも、気持ちがスッキリとし、不安感はとても小さなものになるでしょう。

ただ、あくまでも不安とは「空想の産物」ですので、あまりとらわれすぎるのは良いことではありません。いくら空想で不安がっても何も変わらない。かといって、無視して楽観的に過ごしてはそっちの方が不安な時代。そんな今だからこそ、できることからコツコツと老い支度を始めてみてはいかがでしょうか。ひとつ行動することで見えてくるものがきっとあるはずです。

老い支度には、早すぎることはありません。思い立ったが吉日、あなたが何歳であれ、今はじめても良いのです。老い支度とは、他の誰でもない、あなた自身がこれからの人生を豊かに、自分に合った過ごし方をするための備えです。

5年後、認知症や寝たきりになったらどうしますか？

老い支度というと、まだずいぶん先のような気がしてしまいますが、5年後に認知症や、寝たきりになってしまう可能性もないとはいえません。

私の母は、42歳の時に脳溢血で倒れて右半身が麻痺し、以後、長いあいだ寝たきりになりました。それから懸命なリハビリでようやく歩けるようにはなりましたが、言葉はずっと不自由でした。

当時、私はまだ13歳でしたが、あれから20年以上たって38歳になろうとしている今、あと4年で母が倒れた歳になる。そう思うと、「私（だけ）は大丈夫だろう」なんて楽観視はできないのです。もちろん、そうならないために健康に気を使うというのは大前提としても、「もしもそうなってしまったら……」というリスクも考えておかなければなりません。

あなたも、たとえ今は健康だとしても、「5年後に倒れたら」という「もしも」を見つめておく必要があるのではないでしょうか。

「もしも」の話ばかりになってしまいますが、あなたがもし、認知症や寝たきりになってしまったら、あなただけではなく、あなたの家族の生活も一変してしまいます。それを考えた時、何もしないでいるというよりも、何かしら備えておく方が安心ですよね。

医療保険などに入って、経済的な心配事をクリアしておくのもひとつの方法ですし、自分の意思表示ができなくなった時のために、先ほどの老い支度のように、過ごし方の希望を書いておくというのもおすすめです。なにしろ、家族はその時あなたの希望を聞くことができなくなるのですから。

あなたを守る制度＝成年後見

ここ数年、高齢者の財産を狙った悪徳商法や、施設での虐待事件などが多く聞かれるようになっています。数年前、認知症の姉妹が複数のリフォーム業者と契約し、全財産をなくしてしまったうえに、その家までもが競売にかけられてしまったという事件があったことも記憶に新しいところです。あまりの悲惨さに覚えている方も多いのではないでしょうか。元気でしっかりしている時であれば、きっぱり断ったり、周りの人へ助けを求めたりできることでも、判断能力が低下している状態では難しくなってしまうのでしょう。

こういう目に遭わないための備えとして、介護保険制度と同時期に、「成年後見制度」というシステムが平成12年度から始まっていることをあなたはご存知ですか？

まず、この成年後見制度とはどのような制度なのかというと、あなたが将来、障害や認知症などが原因で判断能力が弱くなってしまった場合、誰かに勝手に財産を処分されたり、悪徳商法に引っかかったりというトラブルに遭わないよう、財産の管理や身上看護を通して、法的に助けてもらえるという制度です。以前は「禁治産《きんちさん》・準禁治産」といって、判断力のない人を守る制度があったのですが、差別的な意味合いで用いられたりする問題点もあったため、成年後見制度はそれを見直し、「今は元気でも、将来に判断能力がなくなるかもしれない」という人にも利用できる制度となったのです。これを、成年後見制度の中の「任意後見制度（公的機関の監督を伴う任意代理制度）」といいます。

もうひとつ、「法定後見制度」というものもあって、これはすでに判断能力が低下してしまっている人を守るための制度です。この2つの制度をあわせて「成年後見制度」とされています。

スタート時は、健康保険の介護版である介護保険制度とこの成年後見制度が、「車の両輪」としての機能を期待されていたそうですが、実際にふたを開けてみると、介護保険制度だけが「家計から保険料が出ていく」ということで消費者からの注目を集めたために周知され、この成年後見制度については「聞いたことがあってもよく知らない」という方のほうが多いのが現状です。しかし、これらの制度は、これからの超高齢化社会にマッチした心強いシステムですので、もっと注目されるべき制度だと思うのです。

成年後見制度の種類

成年後見制度には、大きく分けて「任意後見制度」と「法定後見制度」の2通りの方法があるということは先にお伝えしましたが、法定後見制度はさらに3つに分けられています。

認知症などで判断能力がなくなっていく過程として、判断能力のしっ

＜成年後見制度の種類＞

	後見制度	判断能力	援助する人の権限
任意後見	任意後見	十分にある	契約時に決めておいた範囲
法定後見	補助類型	十分ではない	本院の同意がある時のみ、代理権、同意権のどちらか一方、もしくは両方が家庭裁判所より付与
	保佐類型	著しく不十分	重要な行為に対しての同意権、取消権。代理権は家庭裁判所の判断により付与
	後見類型	まったくない	財産管理についても包括的な代理権と取消権がある

＜受け手側の状態による制度の分類＞

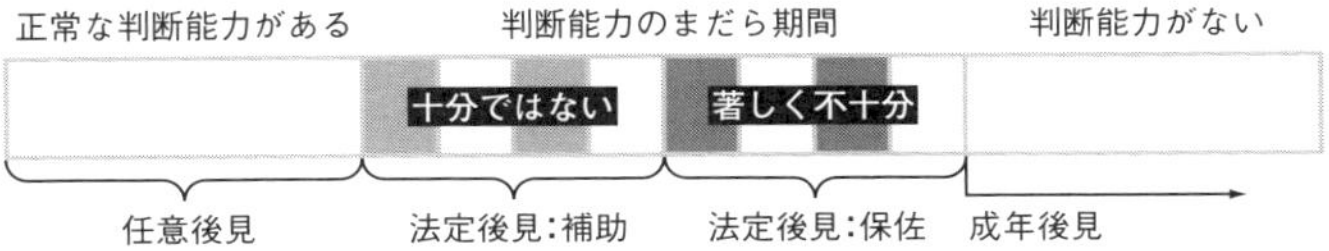

かりしている時から、時によって変わる「まだら期間」を経て、判断能力がなくなっていくという段階を経るのが一般的ですが、成年後見制度は、その時の状態によって、サポートされる内容が変わるのです。

179ページの図のように、その時のあなたの判断能力に応じた措置がとられます。

それでは、任意後見制度と法定後見制度をそれぞれ詳しくご紹介しましょう。

元気なうちに備える　～任意後見制度～

任意後見制度とは、将来の万が一に備えて、判断能力のある今のうちに、将来「誰に」「どのようなサポートをしてもらうか」を自分で決めて、その人（後見人）と公証役場で公正証書によって「任意後見契約」をしておく方法です。

基本的に、成人であれば誰でも任意後見人になることができます。例外的に任意後見人になれない人は、破産者・その人に訴訟をした人やその配偶者及び血族・不正などで後見人にふさわしくない人・利害関係が反対となる人・行方不明の人などが法律で不適格と定められています。

後見人となる人は、身内以外にも、弁護士、司法書士、社会福祉士などの専門家や、社会福祉法人やNPOなどの団体を後見人とすることもできますし、地域住民など法律の専門家以外でも後見活動を行えるよう、「市民後見人」や「身上監護士」を育成する団体もあります。

最新のデータでは、配偶者や親、子などの親族が成年後見人等に選任されたものが全体の約68・5％、第三者が選任されたものは全体の約31・5％で、後者には弁護士、司法書士、社会福祉士などが多いようです。

また、支援する人を監視する目的で、家庭裁判所から「任意後見監督人」が選ばれ、監督人は定期的に支援の状況を家庭裁判所へ報告し、後見人があなたに不利益な行動を取らないよう、監視されます。任意後見監督人を自分で選んでおくこともできます。

●市民後見人養成講座主催団体　財団法人シニアルネサンス財団
〒102-0074　東京都千代田区九段南3-5-10　九段菊江ビル3F
●身上監護士の認定団体　特定非営利活動法人身上監護協会
〒102-0072　東京都千代田区飯田橋4-4-8 東京中央ビル7F
（データは最高裁判所事務総局家庭局「成年後見関係事件の概況」平成20年1月～12月より）

●任意後見制度を利用する際の費用（専門家へ依頼した場合）

▽契約時
任意後見制度は必ず公証人役場で公正証書を作成する必要があります。その費用はあなたの状況や、公証役場によっても変わりますが、公正証書作成費用に1万1千円、手数料や印紙代などで約2万円程度。そのほかには、契約のための財産調査や契約書作成の報酬として、5～10万円程度かかります。
▽見守り期間
見守り契約をした場合、その期間、月額で数千円～1万円程度の報酬を支払うのが一般的です。見守り契約をしなくても任意後見制度は利用できますが、定期的に連絡を取り合い、あなたの状態をリ

アルタイムに把握してもらうために、必要なものといえるでしょう。

▽後見開始後

任意後見は「委任の契約」ですので、報酬はあなたの自由に決められますが、専門家に依頼した場合は、実費でかかる費用のほかに月額2～5万円程度（財産量による）ということが多いようです。後見人が管理するあなたの財産から支払われますので、契約時にその金額を決めて明記しておきます。報酬や費用の処理が適正にされているかは、任意後見監督人が監督します。

●任意後見の流れ

任意後見制度を利用する場合、まずは「誰に」依頼するかを決めます。身内でも良いですし、弁護士、司法書士、市民後見人などにも依頼することができます。次に「どのようなサポートをしてもらうか」という範囲（後見人の権限）を決め、任意後見契約を結び、公証役場で公正証書を登記します。任意後見契約は専門知識も必要ですし、手続きもシンプルとはいえませんので、身内に後見人になってもらう場合でも、専門家にアドバイスしてもらった方が良いでしょう。

また、契約から判断力が低下するまで何年も間があくことが考えられますので、その間、後見人と定期的に連絡を取り合う「見守り契約」を結ぶのが一般的です。

その後、あなたの判断能力が低下したと認められた時、後見人から家庭裁判所へ申し立てを行い、同時に後見人を監督する「任意後見監督人」を家庭裁判所が選任して、任意後見制度が開始されます。開始後は、後見人があなたと決めた「任意後見内容」と、「権限の範囲」を登記し、あなたの利益が損なわれることがないようサポートされます。また、任意後見監督人が定期的に家庭裁判所へ報告することで、適切なサポートがなされているかを監督してくれます。

＜任意後見の流れ＞

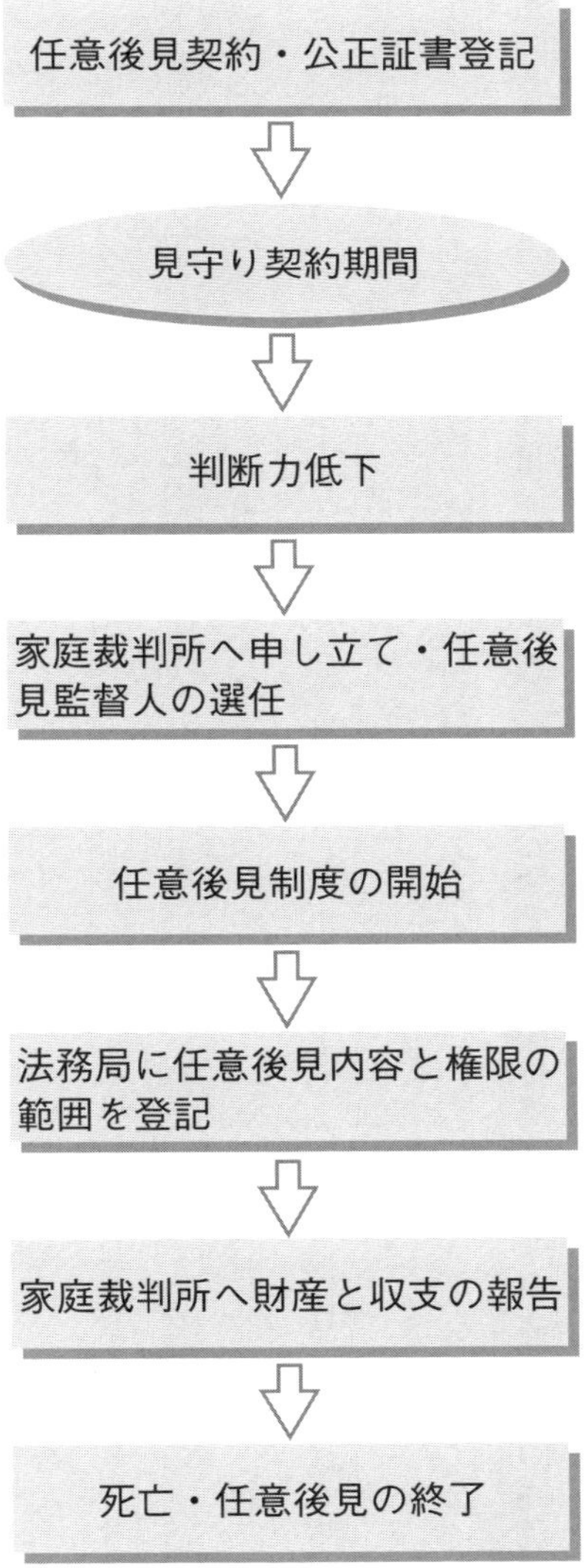

あなたが万が一判断能力をなくしてしまった場合に、希望を細かく叶えたいということならば、今のうちにすべて指定しておける「任意後見制度」を検討されるのが良いでしょう。

周りの人があなたを守りたい時にはこれ　～法定後見制度～

本人が自分で決める任意後見制度に対して、この法定後見制度は、すでに判断能力が低下している人のために、周りの人や市区町村からの申し立てで、家庭裁判所が援助者としてサポートする後見人を選ぶ方法です。後見人には、成年後見人、保佐人、補助人の3種類の支援方法があり、判断能力によって支援の範囲が変わります。どれに該当するかは、精神鑑定や主治医の診断書をもとに、家庭裁判所が判断します。

(1) 後見類型――判断能力がまったくない人が対象

「しっかりしている時がほとんどない」という場合や、周りの人が心配に感じる状況があった時、後見人を選任して日常生活以外の法律行為を代わりに行ってもらうのが、この「後見類型」です。

家庭裁判所へ申し立てを行い、あなたのために成年後見人を選任してもらいます。この申し立てを行うということは、あなたに判断能力がなく、法律行為を行うことができない状態ということなので、選任された成年後見人には、日常生活以外の財産管理について、包括的な代理権や取消権限があります。

(2) 保佐類型――判断能力が著しく不十分な人が対象

「たまにしっかりしている時はあるけれど、ほとんどぼんやりしている」と、周りの人が心配に感じるような状況があった時、契約時などその人の代わりに判断してもらえるよう保佐人を選任するのが、この「保佐類型」です。

保佐人には、借金や高額の契約、財産にかかわることなどの重要な行為に対しての「同意権」と、「取消権」があります。同意権とは、銀行取引や契約など重要な財産行為に対して、保佐人の同意が必要になることで、あなたに不利な契約には同意されません。さらに、保佐人の同意がない状態で悪徳業者と契約してしまった場合には、保佐人が取り消すことができるというものです。代理権については、あなたの同意があるものについてのみ、家庭裁判所から付与されます。

（3） 補助類型――判断能力が十分ではない人が対象

「大体のことは自分で判断できるが、難しいことには不安を感じる」という時に、あなたの代わりに正しい判断をしてもらえるよう、あなたの同意のもとで補助人を選任するのが、「補助類型」です。契約時などにあなたの同意がある時のみ、特定の行為についての代理権、同意権のどちらか一方もしくは両方が家庭裁判所より付与されます。たとえば高額な契約をするという時に、あなたと補助人双方の判断で契約するため、あなたにとって不利益となる契約を避けることができます。

このように、あなたの判断能力が衰えた後の段階で、周りの人が申し立てを行うのが「法定後見制度」です。必要に迫られてから依頼するということで、細かな要望までは決められませんが、必要になった時に利用するため、任意後見よりも実施数が圧倒的に多いそうです。

●法廷後見制度を利用する際の費用（専門家へ依頼した場合）

▽申し立て費用

法定後見制度への申し立ての費用は、本人ではなく申し立てる人が支払います。後見開始の申し立ての収入印紙で８００円程度、他、補助、保佐の開始申し立てで、そのつど８００円～１６００円、家庭裁判所への郵券や登記印紙が各４０００円程度、合わせて1万円程度が申し立てに必要な費用です。

申し立ての書類を作成するため、専門家に依頼した場合の費用は5～10万円程度が一般的です。

▽精神鑑定

精神鑑定というと、なんだか物騒に聞こえますが、この場合の精神鑑定は、補助・保佐・後見のどの状態に当たるかを客観的に判断する材料として必要なもので、法定後見を申し立てる人の約3割の人が行っています。費用としては5万円以下が62・0％、5～10万円が36・4％、10万円以上が1・6％となっていて、鑑定期間は1カ月程度です。支払い先は裁判所となります。補助の申し立ての場合は、医師の診断書でも良いとされています。（データは最高裁判所事務総局家庭局「成年後見関係事件の概況」平成20年1月～12月より）

▽後見開始後

後見人の報酬は当事者で勝手に決めることはなく、家庭裁判所が後見人から後見事務の報告を受け、あなたの財産の状況などを判断して決定することになっています。具体的な額は公表されていませんが、生活に余裕のある人でおおよそ2～3万円です。

●法定後見制度の流れ

法定後見制度を利用する場合、周りの人が申し立てを検討することから始まります。そして、申し立てをしようということになったら、できれば専門家と相談しながら「現在の状態」や「支援の内容」を検討し、申立書を作成します。そして、申立書や必要書類、申し立て費用をもって、家庭裁判所へ申し立て。その後、本人、申立人、成年後見人（候補者）が家庭裁判所へ呼ばれますので、調査官に対して事情説明を行います。

後見類型と保佐類型を申し立てている場合は、本人の状態を客観的に知るために精神鑑定を行い、その結果と事情説明などの審判の結果、成年後見人、保佐人、補助人などが選任され、法定後見制度が開始されます。その後は、後見人が定期的に家庭裁判所へ財産管理やかかった費用などの報告を行いながら、援助することになります。

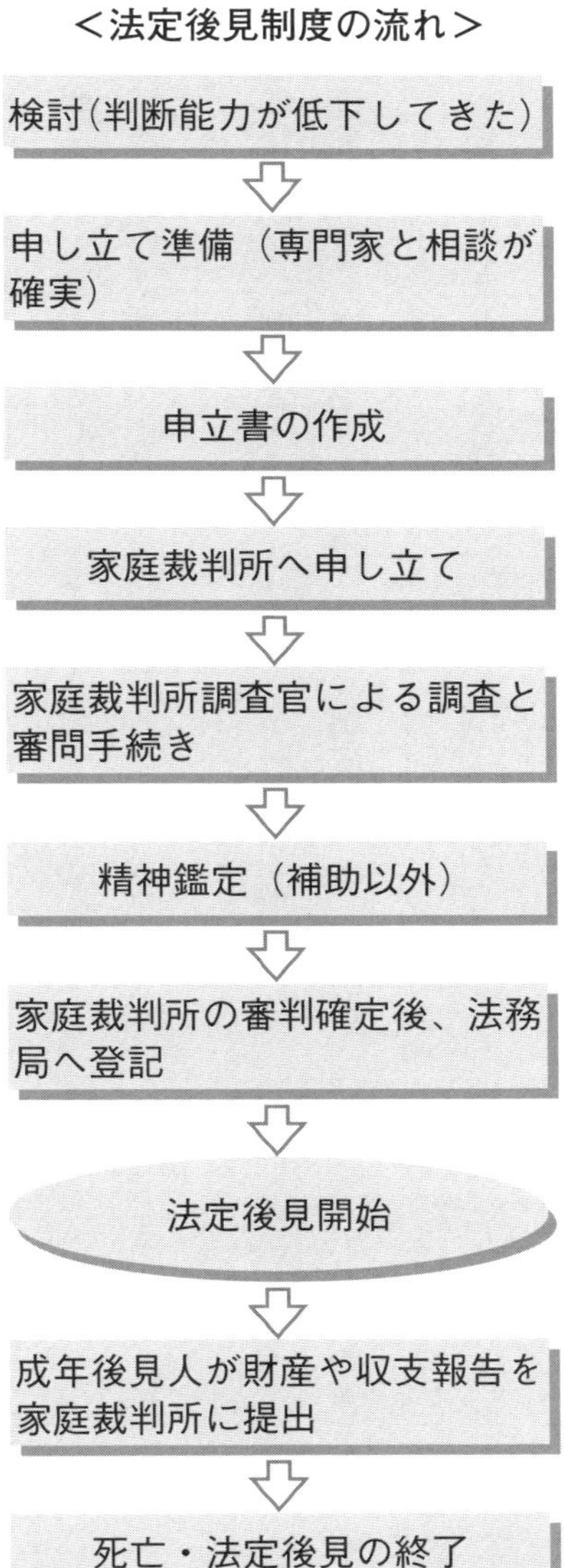

成年後見制度は、あくまでも「本人のため」の制度

ここまで、成年後見制度の4つの分類をご紹介しましたが、どの方法も、あなたの心身の状態や生活に配慮しながら、財産の管理や必要な福祉サービスを受けられるように契約するなど、あなたに代わって法律行為を行い、保護や支援をしてもらえます。

また、成年後見制度はあくまでも「本人のためにある制度」ですので、あなたにとって不利益だと判断されれば、たとえ家族の判断であってもあなたの希望が優先されます。

たとえば、あなたが一人暮らしのマンションから養護施設に入所したとして、さらには帰れる見込みもなかったとしましょう。でもあなたは「いつかは家に帰ろう」と思っている。この時点で、住む人のいないマンションが残っていることになりますよね。この状態は子どもから見ると無駄なことで、処分した方が合理的かもしれませんが、あなたが「いつかは帰りたい」と希望している場合は、その希望が優先され、あなたが亡くなるまで覆ることはないのです。

この「あくまでも本人のための制度」というのが、成年後見制度のもっとも大きな特徴です。

●成年後見制度の問題点

判断能力の低下した人を守るための大切な制度であるこの成年後見制度ですが、行政からのＰＲも十分とはいえず、いまだ周知度が低く普及が遅れているという問題点があります。また、費用がかかるため、知っていたとしても利用しにくいという問題もあります。資産家の人は別としても、一般の方には、自分の財産と老後の安心のために「あらかじめお金を使っておく」という意識がないのも利用者が増えない原因のように思います。

今回、お話をうかがった「市民後見人の会」の成田さんは「行政による周知が遅れているならば、地域が中心となって広めていかなければなかなか根付いていかないのでは」ともおっしゃっていました。昔の日本は地域ぐるみでお年寄りを助けていましたが、時代が変わった今、その代わりとして、市民後見人や身上監護士など、一般の人でも成年後見制度の受け皿となれるような仕組みのさらなる普及が必要です。しかし、脳梗塞などによる障害や認知症などによって、自分の意思が伝えられなくなってしまうという可能性は、どんな人にもあり得ることだと思います。だからといって、それ以後「社会的弱者」として過ごさなくてはならないということではなく、あなたが望む過ごし方を自分で守るために、使える制度は使った方がいいのではないでしょうか。

取材協力……この項を書くにあたり、ご協力いただいた方々

●NPO法人 市民後見人の会 理事 吉野充巨氏（1級ファイナンシャル・プランニング技能士、ライフ・コンサルタント）、運営委員 成田祥子氏（ファイナンシャルプランナー、キャリアコンサルタント）

市民後見人の会は、成年後見制度の普及発展と、認知症高齢者などへの福祉増進を目指しているNPO団体で、（財）シニアルネサンス財団からの受託で「市民後見人養成講座」をするなど、地域住民が後見業務を行えるよう、市民後見人の育成にも力を入れています。お話をうかがった吉野さん、成田さんは、成年後見制度普及への情熱にあふれ、制度の大切さと問題点の両方に深い見識をお持ちのお二人でした。

●弁護士法人レセラ　弁護士　大竹夏夫氏

成年後見制度や高齢者・障害者への虐待などに詳しく、東京弁護士会高齢者・障害者の権利に関する特別委員会副委員長をはじめとして、さまざまな高齢者・障害者保護への取り組みに力を注いでおられます。弁護士さんというと、敷居が高いイメージがあるかもしれませんが、大竹先生は話しやすく、親身になって相談に乗ってくれますし、私も何かと相談に乗っていただいています。老後の諸問題に関する専門サイト「明るい老後.com」http://www.akarui-rougo.com/も運営されています。
弁護士法人レセラ　http://www.lesela.com/

ターミナルケアを受けることになったら

今から考えたいことではないかもしれませんが、事故や心臓麻痺など急なアクシデントで亡くなる方はどちらかといえば少数派で、多くの方が「終末期」を経て亡くなっていきます。その終末期を過ごす知識として知っていただきたいと思い、「ターミナルケア」についてご紹介します。

ターミナルとは、英語で「終着駅」という意味。人生の終着駅に着いて、旅立つ前にどう過ごすか、過ごさせてあげるかがターミナルケアのあり方です。ホスピス、緩和ケア病棟、ケアルームなどと呼ばれる専門施設に入院する方法や、緩和ケアの専門スタッフのいる病院に入院する方法、自宅でターミナルケアを受ける在宅緩和ケアという方法があります。

主にガンなどの病気による終末期を、辛い治療の中で過ごすのではなく、病気による苦痛を取り除くことで、その人の「普段の生活」を取り戻し、その生活の中で見送っていくというのが、これらのターミナルケアの趣旨です。

痛みや苦しみがなくなると、家族と穏やかに会話する余裕も生まれ、趣味に時間を使うなどといった、自分の好きなことをして過ごすことができるようになるのです。

このターミナルケアの重要なキーワードとなるのが「ＱＯＬ（クオリティ・オブ・ライフ）＝生活の質」という言葉です。病気による痛みや苦しみがあると、「そんなことより、この痛みを何とかしてくれ」ということになり、生活の質どころの話ではなくなってしまいますよね。ですから、まず痛みや苦しみをコントロールして取り除くのです。確かに、「治療」というよりも「ケア」と呼んだほうが、しっくりくるような気がします。

比べてはいけないことかもしれませんが、たとえば風邪などで頭が痛くなった時、花が綺麗だとか、テレビが面白いとか、よく眠れたといった「余裕」がなくなりますよね。痛みをどうにかしなければ、次のことが考えられなくなります。これがガンなどの痛みだとしたら、その比ではないでしょう。

かつては鎮痛剤も効かないといわれた末期ガンの激痛も、今ではペインコントロール（痛みを取る目的の治療）の技術が進んだおかげで、除去できるようになっているそうです。また、以前は痛みを取ることはできても、苦しみや不安は取り除くことができなかったり、呼吸困難や食欲不振、便秘や下痢、時にはうつといった精神的なものなど、様々な症状への対処が遅れていたのですが、今ではそれすらもコントロールできるようになっているそうです。

その痛みを取り除いて、自分らしい「生活」を送る余裕を取り戻すのがＱＯＬであり、ターミナルケアの意味なのだと思います。

●ケアルーム・ホスピス・緩和ケアスタッフのいる病院

専門の医療スタッフのいる場所にお願いしたい場合などは、ホスピス、緩和ケア病棟、ケアルームと呼ばれる施設でターミナルケアを受ける方法があります（どの呼び名も、そう定義の差はありませんので、ここではホスピスと呼ぶことにします）。

ホスピスには、主に末期ガンなどの病気の根本治療ができないと判断された時に、ご家族やご本人の要望で入院することになります。緩和ケアで痛みなどの苦痛を取り除いて、日常生活とその人らしさを取り戻し、穏やかに過ごすための施設です。

ターミナルケアというと、「死ぬ場所」という面ばかりを見られがちですが、決してそれだけではなく、人生の最後の数日間を、自分らしく、豊かな気持ちで過ごすための場所なのです。

ホスピスは、厚生労働省が基準を設けていて、専門病棟として届け出された施設が全国各地にあります。探す方法は、かかりつけの医師に相談するのが近道です。または、日本ホスピス緩和ケア協会のHP（http://www.hpcj.org/）で、全国のホスピス、医療チームが在籍する病院が検索できます。

●住み慣れた家で最期を迎える「在宅緩和ケア」

在宅緩和ケアとは、「最期は家で死にたい・看取りたい」という本人や家族の希望を叶えるために、医師が定期的に訪問することで、自宅でターミナルケアを受けられるというものです。在宅ケアを考える時には、まず、家族などの人手が足りていることと、緊急時にはすぐに対応でき、入院することもできる病院・医師を探さなければなりません。

病院や医師を探す方法には、次のようなものがあります。

・かかっている病院に相談する。ソーシャルワーカーがいる場合も相談に乗ってくれます。
・市区町村役場の介護担当窓口に聞く。地域の情報なら大体のことが分かります。
・インターネットで探す。日本ホスピス緩和ケア協会のHPにも情報が載っています。

このほかにも、訪問看護ステーションや、ケアマネージャーが情報を持っている場合もあります。

在宅医療は、精神面・体力面からも楽なことではありませんが、「リラックスできる自宅から見送ってほしい・送り出してあげたい」という強い気持ちを持っている際は、こういう方法もあるのです。

第6章

家族へのラブレター

～遺言書とエンディングノート～

遺言書とエンディングノート（遺言書の種類）

古くから行われている終活準備として、「遺言を書く」という方法があります。遺言書とは、あなたがイメージしている通り、自分が死んだあと、その財産をどうしてほしいかを書き残しておくものです。現在の法律で決められている相続方法（法定相続）よりも、「誰にどれだけ相続させたい・させたくない」という「あなたの意思」を優先できる確実な方法ですし、相続トラブルを最小限に抑えるためにも大変有効です。

遺言は、健康状態や財産の大小にかかわらず、どんな人でも書いておいた方が良いと思うのですが、とくに遺言作成をおすすめできるのはこんなケースです。

・相続する人が複数いて、誰にどれだけ相続させるかを、あなたが思う通りにしたい場合。
・長年音信不通・行方不明など様々な理由で、財産を相続させたくない人がいる場合。
・法定相続人以外（内縁関係、孫、友人など）にも財産の一部を贈りたい場合。
・財産を寄付したい場合。
・事業や農業を続けるために、財産を細かく分けたくない場合。（社屋や農地など）
・子どもがいないため妻だけに全財産を相続させ、父母や兄弟姉妹には相続させたくない場合。
・家庭関係が複雑な場合や、子ども同士の仲が悪いなど、遺産分割でもめさせたくない場合。
・病気の妻の面倒を見てもらう、ペットの世話を頼むなど、相続させる代わりにあなたの希望を叶えたい場合。

このような希望を叶えたい場合は、遺言を書くのが唯一確実な方法です。

ただ、一点だけ注意しなければならないのは、遺言書というのは、誰にいくら相続させるかなどの「相続・財産に関すること」と、子どもの認知などの「人の身分に関すること」を決めておくのが主な役割ですので、「病気の妻の面倒を見てもらいたい」とか、「ペットの世話をしてほしい」など、財産と身分以外のことをそのまま遺言書に書いても、法的な効力がないのです。そういう時は、希望を叶えてもらう条件で相続をさせるための「負担付遺贈」という方法があります。

ペットを例にあげると、「愛犬ポチの飼育を行う条件で300万円相続させる。受け渡し方法は1年ごとに30万円、ポチの死亡時に残額とする」などの条件を書き加えておくことで、あなたの大切な家族であるペットの世話が保障されるというものです。これに、「毎日30分の散歩をする」とか、「餌はこの銘柄以上の質を与える」など、ペットの世話の方法を細かく書き加えておけばより安心ですし、しっかり実行されるか心配な時は、遺言執行人を立てることでチェックしてもらうことができます。

こうしてみると、遺言はあなたの希望を幅広くカバーできるということが分かりますよね。敷居が高いからといって作成しないでおくにはもったいないシステムです。

さて、一口に遺言といっても、通常3つの種類があります。厳密には「特別方式」といって、危篤の時や船で遭難した場合など、ケースごとにもっとあるのですが、ここで遭難した時の遺言方法を詳しく知ってもらうよりも、通常の方式ですぐに実践してもらったほうがよいかと思いますので、ここでは一般的な3つを詳しくご紹介しましょう。

＜遺言の種類　～それぞれのメリット・デメリット～＞

	メリット	デメリット	費用	保管	難易度
公正証書遺言書	・無効になることや変造される恐れもほとんどなく、紛失の場合は再発行できる。 ・家庭裁判所の検認が必要ない。 ・公証役場に出向けない場合は公証人に出張してもらえる。	・遺言の存在や内容を秘密にできない。証人から内容がもれる可能性も。 ・費用がかかる。 ・公証人に出張してもらう時はさらにその費用がかかる。	公証役場の手数料十証人の費用。 ※手数料は財産額ごとに細かく規定がある。	原本を公証役場に、正本と写しは本人や遺言執行者が保管する。	★★★ 大変
秘密証書遺言書	・誰にも内容を知られずに作成できる（遺言の存在は隠せない）。 ・公証役場に提出するので、遺言の作成日が特定できる。	・遺言書の条件を満たしていないと無効になる。 ・家庭裁判所での検認が必要。 ・費用がかかるわりには内容が有効である保証がない。	公証役場手数料（11,000円）十証人の費用。	本人や遺言執行者が保管する。	★★☆ やや大変
自筆証書遺言書	・誰にも内容を知られずに作成できる。 ・証人が必要ないため、気軽に作成でき、修正や新規作成も簡単。 ・費用がかからない。	・紛失、変造の恐れがある。 ・遺言書の条件を満たしていないと無効になる。 ・家庭裁判所での検認が必要。	かからない。	本人や遺言執行者が保管する。	☆☆☆ 簡単

公正証書遺言書

専門家である「公証人」に手伝ってもらって作成する遺言書です。相続人以外の成年2名に「証人」として立ち会ってもらい、公証人があなたの話す内容を筆記して作ります。公証人役場まで出向いて作成するか、出向くのが難しい場合は公証人に出張してもらいます。

作成した遺言書の原本は、遺言者が百歳になるまで（または20年間のどちらか長い期間）公証人役場に保管されますので、もし手元の遺言書を失くした場合でも再交付ができます。

そして、遺言で決めたことを、しっかりと実行してもらうために、多くのケースで「遺言執行者」を決めています。よく、テレビドラマなどで、弁護士さんが遺言書を読み上げていますよね。あの人が遺言執行者です。この遺言執行者には、基本的に成年で相続人になる可能性のある人でなければなることができますが、法律に関することや、財産分与に関することですから、弁護士、行政書士、信託銀行など、相続手続きも一緒に手続きできる人や会社にお願いするのが一般的です。執行者の費用は、遺言作成時に取り決めて記載しておくとよいでしょう。具体的な報酬額は、20万円くらいから財産の数パーセントとまちまちで、相続財産の中から支払われることになります。

このように、遺言をしっかり作成するにはかなりのお金がか

かるので、まるでお金持ち専門のシステムのように感じてしまうと思いますが、骨肉の争い（これを〝争続〟と呼ぶのです）になるのが心配な人や、遺言が実行されるか不安な人は、検討してみる価値はあるでしょう。

＜費用＞

公正証書を作成するにあたり、手数料や印紙代などの費用がかかります。

100万円以下は5千円、3千万円以下は2万3千円など、財産の金額ごとに細かく定められていて、さらに財産が1億円以下の場合には手数料のほかに1万1千円が加算されます。また、公証人に出張してもらう場合は、手数料が5割増しになり、日当として2万円（4時間以内1万円）が必要です。詳しくは各地にある公証役場に問い合わせてください。

日本公証人連合会
〒100-0013　東京都千代田区霞が関1-4-2　大同生命霞が関ビル5階
電話　03-3502-8050

秘密証書遺言書

自分で書いた遺言書を公証人に託す方法です。封がしてある状態で託すため、内容を秘密にできるので「秘密証書遺言書」といいます。

まず、あなたの遺言を封筒に入れ、遺言書に押した印と同じもので封印し、公証人役場に持っていきます。この時、2名の証人を立てる必要があります。そして公証人と証人2名の前で「自分の遺言に間違いありません」と述べると、封書に日付などを記載してもらえ、この秘密証書遺言が完成します。代筆やワープロ作成の遺言を作りたい場合や、誰にも内容を知られたくないという場合は、この方法が適しています。ただし、署名は自筆である必要があり、さらに、書いてある内容は公証人が関与しませんから、遺言執行の際には家庭裁判所での検認手続きが必要になります。

また、遺言書へ押印した印鑑と同じもので封がされていなければ無効になるので注意しましょう。

＜費用＞

公証人の費用として、1万1千円かかります。

自筆証書遺言書

誰でもすぐにでき、費用もかからない手軽な方法として、この「自筆遺言証書」があります。まず何を用意すればよいのかというと、「紙・封筒・ペン・印鑑」これだけです。

専用の用紙などはありませんから、どんな紙にどんな筆記用具で書いてもいいんです。極端な話、メモ帳でもＯＫ。でも、どうせなら長期間保存しても変質しないものが良いですよね。たとえばサインペン。これは徐々にインクがあせてしまいますので避けた方が無難です。それから鉛筆は消しゴムで消されたら証明できなくなりますので、使うのは下書き程度にしましょう。

一般的に和紙に毛筆で書くのが良いと言われていますが、書道を始めるわけではありませんから、上質な紙に万年筆やボールペンなどで書けば大丈夫です。縦書きでも横書きでもかまいません。縦書きの方が雰囲気出るかなあ……と思ったら縦書きに。体裁なんてその程度のものです。

しかし、自筆証書遺言は簡単に作成できる反面、いくつかの決まりごとがあり、そのひとつでもミスをすると法的な効力のない〝ただのお手紙〟になってしまいます。

民法には「その全文、日付、および氏名を自署し、これに印を押さなければならない」と、かなりさっぱりした内容で定められていますが、「これに沿っていないと無効になってしまいますよ」ということなのです。

作成した遺言が、ちょっとしたミスのせいで何の効力もなくなってしまったら、せっかくのあなたの気持ちが無駄になってしまいますので、自筆の遺言を作成する際に注意しておきたいこと、効力がなくなってしまうことなどをいくつか紹介します。

●日付は年月日を書く。

遺言は一番新しい日付のものに対してのみ効力がありますので、日付はハッキリと分かるように書く必要があります。たとえば、「平成22年10月吉日」と書いたとすると、「おいおい、吉日っていつだよ」ということで、無効になってしまうのです。

●サインのみはダメ。必ず印を押しましょう。

普段の生活ではサインだけで済ませる場面も増えてきて、〝ハンコ社会〟も多少緩んできたようですが、遺言の世界ではまだまだハンコが主役です。自分の名前と印を必ず押しましょう。拇印も認められてはいますが、本当に生前押したのか、死後勝手に押されたのかというトラブルが実際にあったようです。裁判の末、拇印が認められたらしいのですが、家族にこんな面倒をかけるくらいなら、しっかりハンコを押しましょう。

●連名はダメ。

ご主人や奥様と連名で子どもたちに残しておきたいという方もいるかもしれません。仲が良いのはとってもいいことなのですが、残念ながらこれは無効になります。遺言は一人につき一通ずつが基本。夫婦であっても必ず別々に作成しましょう。

●必ず自筆で書く。代筆はダメ。

いくら字に自信がなくても、ひとに頼んだらダメです。自分で書かないと効力はありません。どれだけヘタでも大丈夫。読まれればいいのですから。

●デジタル保存・プリントアウトはダメ。

自筆証書遺言は、その名の通りあなたの「自筆」でなければ意味がありません。ワープロソフトで作って、デジタルで保存しても効力がないのです。写真に撮ったり、スキャンしたりして画像保存しても無効。同じように、それをプリントアウトして署名・捺印したとしても無効です。

●テープに録画&録音はダメ。

外国の映画などで、ビデオテープで遺言を伝える場面を見ることがありますが、日本では法的な効力はありません。メッセージを伝えるという意味では、遺言書とセットにして用意しておくのもいいかもしれませんね。

あれもダメ、これもダメと、少々うるさくなってしまいましたが、基本的には法律に定められている「その全文、日付、および氏名を自署し、これに印を押さなければならない」さえ守っておけば、文体や体裁は自由なのです。

しかし、注意しなければならないのは、遺言が開封されるのは、あなたが亡くなった後だということです。書いた本人のあなたがいないということは、残された方々は「ここってどういう意味？」って聞けませんよね。ですから、できる限り分かりやすくハッキリ書く必要があるのです。

(1) 遺言書と分かるようにする。
(2) あなたの書いたものだということが分かるようにする。
(3) 何をどうするのか、分かりやすくハッキリ記す。

この3つを念頭に置いて、ぜひ一度トライしてみてください。

相続人について

あなたの遺言のある・なしで相続の仕方は変わってきます。効力のある遺言がある場合は、遺言の内容に従って相続が行われます（ただし、相続人全員の同意があると従わなくてもよい）。これが「指定相続」です。あなたの遺言がない場合は、民法に定められた方法で遺産相続が行われます。これが「法定相続」です。この法定相続で定められた、相続の資格があると認められた人を「相続人」と呼び、財産を残す側の人を「被相続人」と呼びます。

相続人になれる人は、
・配偶者……婚姻届けを出している法律上の夫・妻。
・子……実子、養子、認知された子。
・胎児……お腹の中にいる子。（死産の場合は無効です）
・直系の尊属……父母・祖父母、子どもがいない場合は配偶者と故人の父母。配偶者も子どももいない場合は故人の父母。その父母もいない場合は祖父母。
・兄弟・姉妹……子と父母がいない場合、配偶者と兄弟姉妹。配偶者もいない場合は兄弟姉妹。
となります。

どんな場合でも配偶者が相続人となり、第一順位が故人と配偶者の子、孫、第二順位が故人の父母、祖父母、第三順位が故人の兄弟姉妹です。

●法定相続人の優先順位と相続の割合

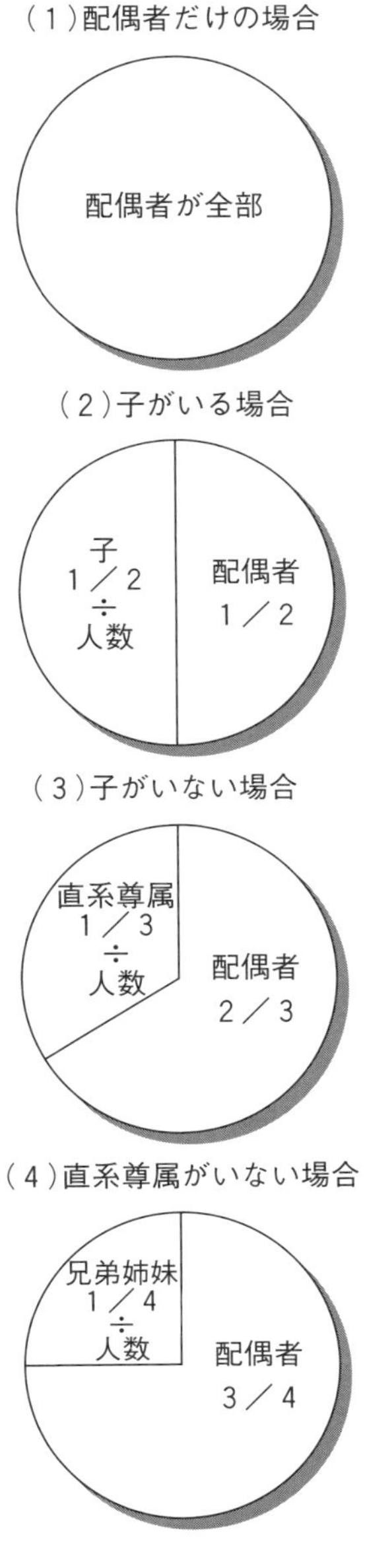

ただし、次のような場合は相続人の資格がなくなる場合があります。

・被相続人を脅したり騙すなどして、遺言を変更させたり、取り消させた。また、変更や取り消しを妨害した場合。

・被相続人や、自分よりも相続の優先順位が上の人を殺そうとした場合。

・被相続人の遺言書を偽造、破棄、隠匿した場合。

また、被相続人を虐待した場合や、重大な侮辱をした場合は、被相続人が家庭裁判所に申し立てれば相続の権利を失くすことができますし、遺言に書くことで相続権を奪うことも可能です（兄弟姉妹以外）。

気持ちを素直に伝えたいなら、エンディングノート

あなたが遺言を書くことにどうしても抵抗があるようならば、ぜひ「エンディングノート」を書いてみてください。

書く内容は、相続や財産の内容よりも、家族に対しての気持ちを表わしたものが主役ですから、書いているうちに自分の気持ちがはっきり見えてくるのです。普段は自然すぎて見つめなおすことのない、家族のことをどれくらい大切に思っていたのかとか、これまで気付かなかったことが再確認でき、家族との関係を見直すきっかけにもなります。

何事もやってみるとみないとでは大違いです。エンディングノートは遺言書と違って法的な効力はありませんが、それでもいいじゃないですか。心を込めて、いつもは照れて言えない「ありがとう」

や、「こういうことに気をつけなさい」というお小言を書いてもいいのです。あなたの気持ちを伝える道具として、自由に作成してみてください。

大切なのは、何もしないよりもとりあえず書いてみることです。訂正したかったら何度でも書き直せばいいのですから、ぜひ、あなたの「今」を、素直に書いてみてください。

ちょっと恥ずかしいですか？　大丈夫。あなたが生きているうちは誰も見ませんから！

●エンディングノートに書いておくこと

エンディングノートはどこで入手できるのか、また具体的には何を書けばいいのでしょう。

まず、市販のエンディングノートはいろいろなものが出ていて、『遺言ノート』や『ラストプランニングノート』など、様々なタイトルで売られています。大きな書店に行けば置いてありますし、インターネットを使う方は、「エンディングノート」と検索してみると、全国のさまざまな団体や葬儀社が作成したものを取り寄せることができます。

こういった市販のものを手に入れて書きはじめるのもひとつですが、中身が分からないまま取り寄せたり、個人情報を知られるのが不安な時や、書きたい項目がなかったり、書きたくない項目があったりと、あなたの希望に沿わない場合は、自分で作ってしまえばいいのです。

エンディングノートは市販のもので千円前後、でも普通のノートだったら、百円前後ですよね。自作とはいえ、市販のものと効果は変わりませんので、まずはノートでトライしてみてはいかがでしょうか。

●エンディングノートを自作する場合の項目例

エンディングノートに書く項目にとくに決まりはありませんが、これまでの人生やライフスタイル

項目とアドバイス	これまでの人生やライフスタイルについて

◆覚え書き
あなたの基本情報です。名前、生年月日、出身地、本籍地、住所、携帯電話番号、メールアドレス、各種保険証の種類と番号、かかりつけの病院、これまでに取得した資格の詳細などを一覧にしておきましょう。

◆経歴
これまでの人生を5年ごと、10年ごとなどに区切って、振り返りましょう。学生時代は何に熱中していたか、どんな仕事をしてきたかなど、堅苦しくない自己紹介程度の内容でＯＫです。

◆嬉しかったこと・悲しかったこと
これまでに嬉しかったことベスト10は何ですか？　また、悲しかったこと、困ったことには、どんなことがありましたか？

◆友達・仲間
これまでの友達・仲間にはどんな人たちがいましたか？　それぞれどんな仲間か、一緒にどんなことをしたのかを書いておきましょう。

◆趣味
あなたは何をしている時が一番充実していますか？　これまでどんな映画に感動しましたか？　どんな音楽を聴いてきましたか？　好きな本や得意料理はありますか？

◆場所
好きな場所や、良く行く場所、そして思い出の場所はどこですか？　場所ごとのエピソードも思い出してみましょう。

◆所属団体
同窓会のほか、所属しているクラブやサークル活動はありますか？　連絡先なども書いておきましょう。

◆1年の過ごし方
お正月はどのように過ごしていますか？　お盆やお彼岸はどうですか？　あなたの1年の過ごし方や決めていることはありますか？

◆好きなもの
あなたの好きな食べ物、飲み物、気に入っている服、常連になっている店などを書いておきましょう。

◆お世話になった方への感謝のメッセージ
これまでお世話になった方々へ、感謝の気持ちをまとめてみましょう。誰々に○○して助けてもらった・いい助言をしてくれたなど、具体的に書いてみましょう。

◆家族へのメッセージ
あなたがこれまでの人生で育んだ考えを残しておきましょう。「こういう時には、私はこうしてきた」という経験則や、「○○へ◇◇してくれた時とても嬉しかった。ありがとう」など、家族一人ひとりにあてたメ

これまでの人生やライフスタイルについて

項目とアドバイス

ッセージを書いてみましょう。

◆これからやってみたいこと
あなたがやり残していることはありませんか？　行きたい場所、はじめたい趣味、会いたい人などを書き出してみると、「実現したい」という気持ちがわいてきて、近い将来に実現することもあるのです。

◆家系
あなたの祖父母、両親はどんな人たちでしたか？　また、あなたの子ども、孫はどんな人ですか？

財産や相続について

項目とアドバイス

◆遺言書の有無
制作年月日や、どこに保管してあるか、遺言の種類など、遺言執行人や後見人の指定についても書いておきましょう。

◆不動産
土地や建物について、どこにあるのかを特定できるように住所や広さを書いておきましょう。

◆動産・金融資産
預貯金や株式、自動車など、土地建物以外の財産が動産です。主なものを書き出しておきましょう。人に貸しているお金も忘れずに。

◆負債
ローンなどの負債も相続の対象になります。記入時点での負債を明記しておきましょう。

◆生命保険
保険会社や保険の種類などを書いておきましょう。

◆骨董品や貴金属
宝石や絵画などの資産価値のあるものは、細かく書き出しておきましょう。

◆寄付・贈与
財産をどこかへ寄付したい場合は、連絡先も含めて書いておきましょう。

◆ペットの処遇
家族の一員でもあるペットをどうしてほしいか、餌の種類や散歩コースなどを具体的に書いておきましょう。また、飼育の依頼先や飼育にかかる費用をどうするか、さらには死んでしまった時の埋葬方法も考えておきます。

お葬式について

項目とアドバイス

◆葬儀の生前予約

葬儀の生前予約をしている場合は、お願いしている葬儀社や、相談しているアドバイザーの有無、連絡先を記入。また、互助会に加入している場合は契約書の保管場所、積立金、追加費用の概算についても書いておきましょう。

◆形式

仏式、神式、キリスト式、無宗教など、葬儀スタイルの希望。また、お葬式をしたくない場合（火葬のみ）も明記しておきましょう。

◆菩提寺

菩提寺（代々付き合いのある寺院）があれば、連絡先や宗派を書いておきましょう。

◆場所

自宅か会館か、会館の場合は具体的な場所なども調べて書いておきましょう。お住まいの地域に公営の式場があるかも確認しておくと良いでしょう。

◆祭壇

昔ながらの白木祭壇か、最近主流となってきた花祭壇か、または祭壇不要かなどを決めておきましょう。

◆写真

遺影写真はあなたのお気に入りの写真を使いたいですよね。自分で選んでおけるのは、終活をする人だけの特権です。証明写真の大きさ以上の、あなたらしい一枚を選びましょう。

◆飾り付けなど

華やかにしたいか、質素にしたいかだけではなく、かわいらしくとか、清潔な印象など、雰囲気を伝えられるように書いておきましょう。また、「白いバラを飾ってモーツァルトを流してほしい」など、花や音楽の希望があれば具体的に指定しておきましょう。

◆予算

総予算はどれくらいか、飲食、返礼品やお布施も考えた上で決めておきましょう。全国平均は２１３万円ですが、あなたやご家族の経済状況も鑑みて、その後の生活に無理のないようにしましょう。

◆喪主

喪主とは没後の供養をしていく人です。誰に頼みたいかを書いておきましょう。

項目とアドバイス

お葬式について

◆弔辞
弔辞をお願いしたい人はいますか？　2～3名あげておきましょう。

◆連絡先
お葬式に参列してほしい人（訃報を知らせる人）の名簿を作っておきましょう。入院時連絡、危篤時連絡、葬儀連絡かも指定しておくと親切です。同時に、訃報を知らせたくない人も書いておき、「年賀欠礼で知らせる」など、通知方法を指定しておきましょう。通知範囲を指定しておくことで、思わぬ広がりから大規模葬儀になることが防げます。

◆こだわりの有無
棺にはお金をかけずに、通夜の食事には良いものを……など、こだわりたいものとそうでないものを書いておきましょう。

◆副葬品について
あなたが最後に着たい服はどれですか？　また、棺に一緒に入れてほしいものはありますか？

◆香典の扱い
香典をいただくか、辞退するかなど、香典に対しての考えを書いておきましょう。希望を書くだけではなく、遺された家族が金銭的に困らない配慮も必要です。

◆香典返し
「○○のお茶」など、具体的な品物の希望はありますか？

◆会葬礼状
参列者に渡す礼状です。定型文ではなく、自分の言葉で感謝をつづってみるのも素敵です。

◆納骨
墓地があればその所在地、なければ納骨の希望を。散骨などの自然葬を希望する場合も、「○○の海へ散骨」など、具体的に書いておきましょう。

◆形見分け
あなたの大切にしていたものをもらってほしい人はいますか？　誰に何を分けたいかを書いておきましょう。

◆法要の希望
親族以外で出席してもらいたい人がいれば書いておきます。

について、財産や相続について、お葬式について、の3つに分けるとまとめやすいです。

コツは項目ひとつにつき1ページを取るなど、余白をたくさん取りながらいつでも書き足せるようにしておくことです。参考までに一覧でご紹介しますので（206〜209頁）、あなたが書きたいと思うものを選んで書いてみてください。また、新しく項目を考えたという方は私にも教えてくださいね。

●遺言書・エンディングノートの保管方法

遺言書でもエンディングノートでもそうですが、いざという時に、あなたが要望を残しているということを誰かに知ってもらわなければなりませんので、遺言書や相続に必要なものは、すぐに見つかる場所へしまっておく必要があります。大切なものは金庫に入れたり、銀行に預けておくのでも良いですから、とにかくすぐに分かる場所へひとまとめにしておくことです。

大切なものがバラバラに保管してあったために、家中をひっくり返して探したなんていうこともあるのです。ご家族に「化けて出てもいいから手伝ってヨ！」なんて言われないように、あなたが万が一の時には、家族がすぐに見つけられそうな場所に入れておき、身近な方に「大切なものはここにしまってあるから」と、伝えておくようにしましょう。

財産以外にあなたが残す大切なもの

相続や遺言、エンディングノートについて述べてきましたが、ときに私たちは「財産を残す・残さない」ということばかりに注目しがちです。でも、財産を残す以上に大切なことがあるのではないでしょうか。

それは、あなたの「生き方」を残すことによって、誰かの人生を豊かにしてあげること。

あなたがこれまで伝えてきたことや、背中で見せてきた姿勢、考え方。それらはきっとあなたの大切な人たちに影響を与え、その方の人生を豊かにしていると思うのです。

財産は使えばなくなってしまいますし、思わぬ争いの原因にもなったりしますが、あなたの生きる姿勢はどんなに参考にしたとしても減ることはなく、それどころかさらに受け継がれて増えていくものなのです。お金や物を残すよりも、ずっと素晴らしいことではないでしょうか。爽やかに終活をするという姿も、きっとあなたが残す〝生き方〟のひとつになることでしょう。

あなたが残していきたいものは何ですか？

相続についての考え方　～プラスの相続とマイナスの相続～

私は以前、〝遺産相続〟なんていうものは、テレビの中でしか起こっていないような気がしていました。「そんなたいそうな財産はないから私には関係ない」と、思っていたのです。もしかして、あなたもそんな気がしていませんか？

でもこれは、実は大きな勘違い。「相続税の申告をする」ということと、「遺産を相続する」という、そもそも別であるはずのことが一緒くたになってしまっていたのです。

相続税の申告が必要なのは、ざっくり言うと、相続する財産が「5千万円＋相続人ひとりにつき1千万円」以上ある、一部のお金持ちだけの話なので、それこそ数十人にひとりくらいなのですが、「相続そのもの」は、人がひとり亡くなると必ず起こることで、あなたの財産の多い・少ないにかかわらず、全員に関係するものなのです。「相続税の申告」と「相続そのもの」をごちゃ混ぜにしてしまっているから、「相続＝自分には関係のないこと」と思われがちなのですね。

また、よく分からないからといってほったらかしにしていても、役所が自動的にやってくれるものではありません。そればかりか、相続手続きをしないと、故人名義の預金が凍結されたままになったり、不動産や車などの財産の売却や利用ができなくなったり、税務調査で税金が加算されるなどのペナルティが科せられたりと、あとで大変なことにもなりかねないのです。

あなたも私も、無人島に身体ひとつで生きているわけではありません。あなたがこれまで所有してきたもの――現金や家、車、骨董品などの資産価値があるものだけではなく、本や雑貨などの趣味の品々や洋服など、あなたが持っているいろいろなものがありますよね。

それらのものが、あなたの死と同時にフッと煙のように消えてしまうならば、相続なんて関係なくなるのですが、そんなわけはありません。あなたが残したものは「誰か」が引き継いで、そのまま所有するなり、処分するなりしなければならないのです。

その「誰か」を決めて、それぞれの人が「何を引き継ぐのかを決める」のが、「相続をする」ということなのです。

相続フローチャート

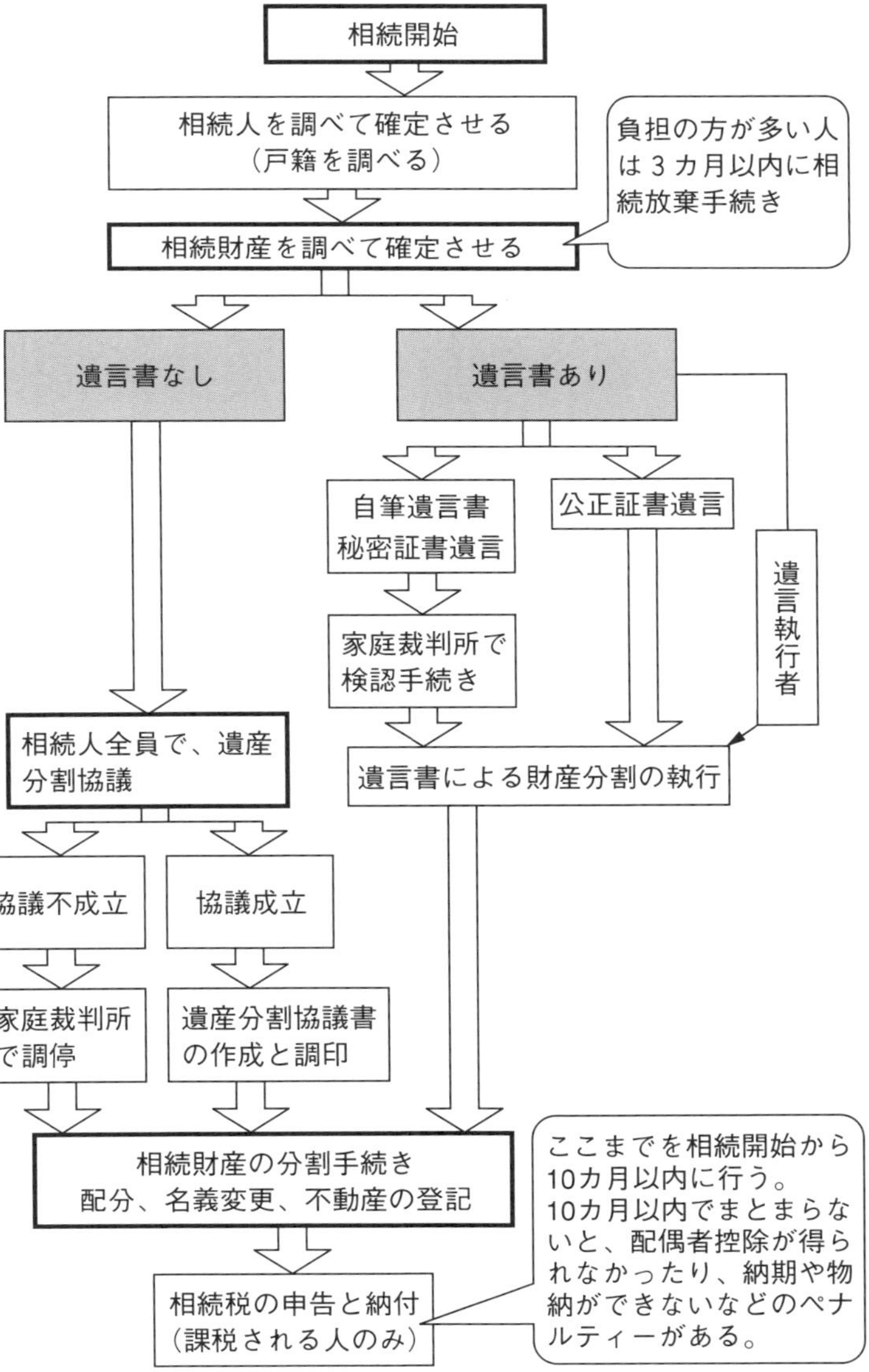
相続開始
相続人を調べて確定させる
（戸籍を調べる）
負担の方が多い人は３カ月以内に相続放棄手続き
相続財産を調べて確定させる
遺言書なし
遺言書あり
自筆遺言書
秘密証書遺言
公正証書遺言
遺言執行者
家庭裁判所で検認手続き
遺言書による財産分割の執行
相続人全員で、遺産分割協議
協議不成立
協議成立
家庭裁判所で調停
遺産分割協議書の作成と調印
相続財産の分割手続き
配分、名義変更、不動産の登記
ここまでを相続開始から10カ月以内に行う。10カ月以内でまとまらないと、配偶者控除が得られなかったり、納期や物納ができないなどのペナルティーがある。
相続税の申告と納付
（課税される人のみ）

それから、あなたが持っているものだけではなく、あなたが人から借りているもの、たとえば借金などもこれにあたりますが、それらの「負債」も、財産のうちのひとつとして一緒に相続することになります。これが、プラスの相続とマイナスの相続と呼ばれるものです。

仮に、預金や家などをすべて合わせて700万円の財産と、1000万円の借金があったとします。このプラスとマイナスの財産をそのまま相続すると、実質的に残るのは、300万円の借金だけ、ということになるのです。

こんな時は「相続放棄」といって、家庭裁判所に「財産は全部相続しません」という手続きをすれば借金を抱えなくてもすむのですが、この相続放棄の手続きをするまでの期限はたったの3カ月。3カ月なんて、ただでさえ悠長にしているとあっという間に過ぎてしまうのに、そのうえお葬式の後なんて、事務手続きや四十九日法要の準備などで忙しい期間ですから、それこそ感覚としては一瞬です。他にしなければならないことがあり過ぎるせいで、故人の財産の把握が間に合わず、結局、借金を抱えてしまったということも珍しい話ではないそうです。

そもそも、人にどれだけ財産があるのか、借金がいくらあるのかを調べるなんて、慣れない素人には難しいことですし、それを、ただでさえ忙しいお葬式後の3カ月以内にやらなければならないなんて至難の業。しかし、税理士さんや弁護士さんに頼むとお金がかかりますし、何より気持ちのハードルも高いことでしょう。

こういうことは、財産を残すあなた本人が「財産はこれとこれ、負債はいくら。差し引きこれくらいが残ります」と、しっかりまとめてあげておくのが一番なのです。

「遺産相続」こんな時どうする？【鈴木さんの場合】

鈴木市子さん（68歳・仮名）は、15年前にご主人と離婚し、今はアパートに一人暮らしです。子どもはいません。財産と呼べるものはとくになく、借金が150万円ほどあります。行き来のある親戚はひとりだけ、妹とその家族が他県に住んでいます。「もし明日、自分が死んだらどうなるだろう。妹には迷惑をかけたくないが、借金が残ったらどうしよう……」と、最近不安になってきました。

鈴木さんがもし今の状態で亡くなったとしたら、妹さんはどうなるでしょうか？　そして、鈴木さんができることは何かあるでしょうか？

できることなら、きれいさっぱり借金を完済するのが一番ですが、鈴木さんがこのままの状態で亡くなった場合として考えてみましょう。

鈴木さんが亡くなると、まずは妹さんに連絡が入り、妹さんがお葬式を出すことになります。そして、残っている家財道具を処分し、借りている部屋の明け渡しも妹さんがしなければなりません。そのうえ、このままでは、残った借金の返済までもが妹さんに降りかかってしまいます。こうなると、いくら「迷惑をかけたくない」と思っていても、妹さんへの負担はとても大きくなってしまいますので、鈴木さんは、負担をできるだけ少なくしてあげなければなりませんね。そして、最低でも、鈴木さんの借金が妹さんのところへ行くのだけは避けるべきです。そのために最もシンプルで簡単な方法は、妹さんがスムーズにプラスとマイナスの財産両方の把握をし、速やかに「相続放棄」の手続きができるように、情報整理をしておくことです。

預金と借金がどこにいくらあるのかが一目で分かるようにし、相続放棄の手続きとその方法を伝える手紙などを書いて、すぐ分かるようにしておくか、現状での内容を知られたくなかったら、「万が一の時にはここに全部分かるようにしておくからね」と、場所だけでも妹さんにお話ししておくのが確実でしょう。

相続とは、「誰」が「何」を引き継ぐのかを決めて、実行すること。そして、財産には「プラスのもの」と「マイナスのもの」があって、借金などのマイナスの財産も引き継ぐこと。この二つを理解して、あなたの相続で誰も困ることのないようにしておきたいですね。

取材協力

株式会社LR小川会計　代表社員　税理士 小川湧三氏

税理士、日本ファイナンシャル・プランナーズ協会認定CFR、同創立会員、社会保険労務士、ITコーディネーターという、そうそうたる肩書きですが、大変優しい雰囲気で分かりやすく相談にのっていただけます。日本棋院の普及指導員という一面もお持ちの多才な方です。小川氏が代表社員を務められている株式会社LR小川会計は、通常の会計事務所業務にとどまらず、税務と経営に関してのカウンセリング、アドバイス、コンサルティングにも力を入れています。

〒213-0011　神奈川県川崎市高津区久本3-3-14

TEL：044-811-1211

URL：http://www.calley.co.jp/ogawa

［コラム２］

エンバーミング　～安らかなお別れのために～

あなたは「エンバーミング」という言葉を聞いたことがあるでしょうか？

エンバーミングとは専用の設備で処置を施すことで、ご遺体を安らかな姿に近づけ、長期間その姿をとどめることができる技術のこと。アメリカをはじめとする欧米では、ごく一般的に行われているそうです。しかし現在の日本では言葉は耳にしたことがあっても、実際にどのような効果があり、体験されたご遺族がどう感じているのかはまだあまり知られていません。そこで、日本におけるエンバーミングの第一人者である、エンバーマーの橋爪謙一郎氏にお話を伺いました。

――これまでエンバーミングを依頼されたご遺族は、どのような経緯で決められたのですか？

日本では、2008年度だけで約1万7千人の方がエンバーミングを受けられました。

ご依頼の経緯は子どもが海外出張中で連絡が取れないが、エンバーミングをして帰国を待ちたいというケース。抗がん剤などの影響や死亡時の状況等で、生前の面影がなくなってしまったケース。そして、ただただゆっくりとお別れがしたいというケースなど様々で、その費用は、15～30万円前後です。

――エンバーミングのメリットとは、どのようなことですか？

時間に追われる通常の葬儀と違い、エンバーミング処置を施すことで、日程を気にせずゆっくりと準備をすることができますので、遺された家族が思い残すことなく、納得のゆくお別れをするために必要な時間を過ごすことができます。その間も、ご遺体を重たいドライアイスで凍らせる必要はなく、常温のまま状態を保てます。

ご遺族が「時間に余裕を持ってお別れができる」と分かることで、とことんお別れに集中することができ、悲しみ（グリーフ）と向き合うことができるのも大きなメリットです。これは、死別の悲しみを支える「グリーフサポート」の観点からも大切なことです。

また、事故などで生前の姿とはかけ離れてしまった場合や、長期の闘病で表情が変わってしまった場合など、ご遺体の状態が悪い時、ご家族が「罪悪感」を持ってしまうことがあります。エンバーマーは、可能な限りその方の面影を甦らせるように処置をしますので、この「罪悪感」を軽減する効果もみられます。そんなご遺族の「心の負担」を軽減することも、エンバーミングの目的のひとつです。

処置によって状態が良くなり、安らかな表情で故人がご自宅へ戻られた時には、きっとその安らかさが伝わるのでしょう。ご家族からもホッとした表情を見せていただけることがあります。

――デメリットと言えることはありますか？

専用の設備や機材が必要なため、ご自宅での処置は不可能です。処置時間の約3時間と施設までの移動時間は、ご自宅を離れなければなりません。また、血管を通して薬液を浸透させるため、2～3㎝の小切開を施す必要があります。切開の際は、その後着せてあげる服を確認し、もちろん処置後は修復をしますので傷は目立たなくなります。

——一般的なドライアイス処置とエンバーミングとの違いはどのようなところですか？

ドライアイスはご遺体の状況がどのような時も、すべて「冷やす」という方法で対処しますが、エンバーミングはご遺体の状況だけでなく、ご家族の希望も伺ったうえで、「こういう姿にしたい」という目標を想定し、そのつど処置の方法を選択します。また、感触も少し張りが出る程度。ドライアイスのようにご遺体が冷たく、硬くなってしまうこともないので、家を出る際に家族がお化粧を直してあげることもできるのです。

——エンバーミングには法的な決まりごとはあるのでしょうか？

日本国内において、エンバーミングについての法律は存在しませんが、「海外移送などの諸事情を除き、50日以内に火葬の確約が得られない場合は処置できない」など、社団法人日本遺体衛生保全協会（IFSA）の自主基準にのっとって各業者が施行しています。

——ご自身が予約されるケースはありますか？

はい。ご自身が生前から希望されるケースはあります。病気の治療等でどのような変化が起こるかが予測できる場合などです。また、ご自身が参列されたお葬儀でエンバーミングされたご遺体を見て、自分も同じ処置をしてほしいと希望される場合もあるようです。

＊＊＊

橋爪さんはご遺体に「きれいになってお家へ帰りましょう」と、声をかけながら処置をされているそうです。ご遺体と人として向き合われているのを感じました。

ご遺体が生前の姿のままでいられないのは仕方のないことかもしれませんが、投与されていた薬の影響で顔が腫れたり、辛い闘病や死亡時の情況で、耐えがたいほど顔が変わってしまう方もたくさんいらっしゃいます。そんな状況になった時、エンバーミングという技術が日本に根付いているということは、とても心強いことではないでしょうか。

私の母の葬儀で、最後に母に触れた時、その冷たさと硬さにドキッとしたことを覚えています。あの感覚を味わわなくてすむというだけでも、その意味があるような気がするのです。

取材協力＝橋爪謙一郎氏

葬祭業における実務経験と知識を持つ、日本におけるグリーフサポートおよびエンバーミング普及の第一人者です。１９９４年に渡米され、ピッツバーグ葬儀科学大学卒業後、全米国家資格のフューネラルディレクター試験に合格。グリーフケアに関する修士号および、エンバーマー資格を取得され、２００１年に帰国。２００４年に有限会社ＧＳＩ（現株式会社）を設立され、日本におけるエンバーマー育成やグリーフ（悲しみ）サポートに力を注がれるのをはじめとして、「ご遺族の死別の悲しみを支えたい」という思いのもと、様々な分野でご活躍されています。

株式会社ＧＳＩホームページ：http://www.griefsupport.co.jp

おわりに

葬儀相談員という仕事の中でご相談者とお会いし、（たとえメールだけのやり取りであっても）切実な思いが伝わってくるたびに、親子の絆、家族の絆、友人との絆に思いを馳せずにはいられません。多くの方が、「お葬式」という最も避けて通りたいであろう事柄を通して、その絆を強く意識しているのです。でも、大切な人が亡くなった後に気づくよりも、今、その絆を見つめなおし、言葉や行動で「ありがとう」と伝えられた方が、より豊かな気持ちになれると思うのです。私はその大きなきっかけとなり得るのが、「終活」なのだと思っています。

本書を通していちばん伝えたかったことは、「終活とは死ぬ準備ではなく、活きいきと自分らしく生きることを自分に約束するチャンス」だということです。難しいことは何もありません。考えをまとめて書き留めておくだけでも効果がありますし、実際に動く場合でも、葬儀業界にも準備体制が整ってきています。

どうか、終活をネガティブなこととはとらえずに、前向きに取り組んでみてください。やってみようかどうしようか迷っている方は、どうか安心してくださいね。終活をしたことを後悔している人には、これまで一人も会ったことがありませんから。

おわりに、この本を書き上げるにあたってご協力していただいた専門家の方々には、各分野の第一線で活躍されている多忙な時間を割き、快くご協力いただいたことに、深くお礼申し上げます。

旅立つことで「葬儀と家族」というものをより深く考えさせてくれた母と、支えてくれる家族、励ましてくれる仲間にも感謝しかありません。どうもありがとう。

　そして、私がこれまで葬儀相談員としてサポートをさせていただいた方々、あなた方との関わりは、私に様々な気づきを与え、多くを学ばせていただきました。本当にありがとうございます。

　また、本の完成を楽しみにして下さっていた故山崎進さん、一番に読んでもらう約束は叶いませんでしたが、あなたが教えてくれた人生のエッセンスは、この本の中にたくさん入っています。

　本書の出版にあたりご尽力いただいた太陽出版の籠宮良治社主および西田和代さんに深くお礼申し上げます。そして忘れてはならないのが、優しく、温かく、原稿を待ち続けてくれた、元編集部の橋本真澄さん。あなたがいなければこの本はスタートすらしませんでした。多くの方に「終活」の大切さをご提案できるのは、あの日の執筆依頼のメールがあったからです。心より感謝いたします。

　そして、この本を手にとっていただき、最後まで読んでいただいたあなたに、大きな感謝を贈ります。本当にありがとうございます。すべての方が、これからの人生を「活きいきと」「自分らしく」楽しまれることを、心から願ってやみません。

２０１１年１月

市川　愛

「終活」のすすめ

著者紹介

市川　愛（いちかわ　あい）

葬儀相談員市川愛事務所リリーフ代表。一般社団法人終活普及協会理事。1973年神奈川県出身。服飾メーカーに勤務後、葬儀社紹介企業に入社、葬儀社紹介を行う業務を通して葬儀業界に触れる。そこで服飾業界で培った＜消費者視点＞が感じられない業界の状態を知り、大きな衝撃を受ける。次第に「婚礼業界にウェディングプランナーがいるならば、葬儀業界にもプロのサポート役が必要なはず」との想いを強くし、2004年に独立。現在は日本初の葬儀相談員として、「葬儀業界を、消費者視点溢れる業界に変えたい」をモットーに、累計4千件を超える相談・質問に対応するほか、お葬式の事前準備サポート、各地での講演、葬儀記事執筆、テレビ出演、葬儀情報サイトの運営、葬祭関連業者へのコンサルティング等を通して、理想実現のための活動を行っている。近著に『お葬式の雑学』（扶桑社新書）がある。

2011年3月3日　第1刷

著者

市川　愛

発行者

籠宮良治

発行所

太陽出版

東京都文京区本郷4-1-14　〒113-0033

TEL 03(3814)0471　FAX 03(3814)2366

http://www.taiyoshuppan.net/

E-mail　info@taiyoshuppan.net

イラスト＝橋本真澄

［印刷］壮光舎印刷［製本］井上製本

ISBN978-4-88469-694-8